dtv

dtv

portrait

Herausgegeben von Martin Sulzer-Reichel

Hans Therre, geboren 1948 in Gronig im Saarland, studierte in Marburg Germanistik und Sozialwissenschaften. Von 1978 bis 1980 arbeitete er an der Übersetzung und Herausgabe des Gesamtwerks von Arthur Rimbaud mit und ist seither unter anderem als literarischer Übersetzer und freier Autor tätig.

Stéphane Mallarmé

von Hans Therre

Deutscher Taschenbuch Verlag

Weitere in der Reihe **dtv portrait** erschienene Titel
am Schluß des Bandes

»*Lingua fundamentum sancti silentii.*«
Altarinschrift in einer böhmischen Wallfahrtskirche

Originalausgabe
September 1998

Umschlagkonzept: Balk & Brumshagen
Umschlagbild: ›Stéphane Mallarmé‹. Portraitaufnahme von Nadar,
um 1890 (© AKG, Berlin)
Layout: Matias Möller, Agents – Producers – Editors, Overath
Satz: Matias Möller, Agents – Producers – Editors, Overath
Druck und Bindung: APPL, Wemding
Gedruckt auf säurefreiem, chlorfrei gebleichtem Papier
Printed in Germany ISBN 3-423-31007-3

Inhalt

Vorwort 7

Kindheit und Jugend (1842–1860) 12

»In dieser Öde, Sens genannt« (1861–1863) 26

Exil in Tournon (1863–1865) 41

›Hérodiade‹ und die Nacht von Tournon (1865–1867) 51

Fern von der Poesie (1867–1871) 65

Paris, Hälfte des Lebens (1871–1879) 75

Die Kunst der Abschweifung – die *mardis* (1879–1885) 93

Haupt der Symbolistischen Schule (1886–1897) 111

Der letzte Würfelwurf (1897–1898) 137

Nachwort 145

Zeittafel 148
Bibliographie 152
Register 157
Bildnachweise 159

1 Portrait Stéphane Mallarmés (1837–1898). Gemälde von Pierre-Auguste Renoir, 1892. Musée national du Château de Versailles et de Trianon

Vorwort

Wisset denn, daß die Kunst ist: das Mittel Einzelner, Einsamer, sich selbst zu erfüllen.
Rainer Maria Rilke

Die Aufgabe des Dichters, schreibt Giuseppe Ungaretti, sei es, eine schöne Autobiographie zu hinterlassen. In dieser unscheinbaren Äußerung verbirgt sich ein bestimmtes Selbstverständnis. Der Dichter soll und will nicht nur Werke verfassen, sondern auch eine schöne Lebensbeschreibung. Leben und Werk sind eins, gehören zusammen wie Papier und Schrift. Der Ort des Dichters ist sein Leben und seine Sprache.

Stéphane Mallarmé, der subtilste und kühnste Erneuerer der französischen Poesie im 19. Jahrhundert, hat eine der schönsten Lebensschriften hinterlassen, die je von einem Dichter geschrieben wurde, aber in Deutschland kennt sie so gut wie niemand: »Bewundert man Mallarmé, so geschieht es nicht zum wenigsten auf der lebensgeschichtlichen Ebene. Sein Leben allein schon wäre etwas wie ein Kunstwerk« (Kurt Wais). Der editorische Stand seiner Werke ist trostlos. Es gibt eine einzige Übersetzung der ›Sämtlichen Dichtungen‹ in einer dürftig kommentierten zweisprachigen Ausgabe, die nicht mehr als eine Auswahl der Werke Mallarmés ist und deren Übersetzung durch Carl Fischer zwischen ornamentösem Jugendstil und einem in schauerliche lyrische Höhen hochgeschraubten Stefan-George-Ton schwankt. Daneben gibt es einige Übersetzer, die sich offenbar je nach den Erfordernissen des Augenblicks einige Werkbrocken herausgeklaubt haben und mit dieser eklektischen Manier den Zugang zu dem selbst in Frankreich als äußerst schwierig, dunkel und hermetisch geltenden

Orphelin, j'errais en noir et l'œil vacant de famille: au quiconce se déplièrent des tentes de fête, éprouvai-je le futur et que je serais ainsi, j'aimais le parfum des vagabonds, vers eux à oublier mes camarades. Aucun cri de chœurs par la déchirure, ni tirade loin, le drame requérant l'heure sainte des quinquets, je souhaitais de parler avec un môme trop vacillant pour figurer parmi sa race, au bonnet de nuit taillé comme le chaperon de Dante; qui rentrait en soi, sous l'aspect d'une tartine de fromage mou, déjà la neige des cimes, le lys ou autre blancheur constitutive d'ailes au-

Dichter, zu seiner Sprachmagie und seinem geistigen Raffinement nicht bahnen, sondern verbauen. Die Briefe des Dichters, die am ehesten einen Zugang zur poetischen Gedankenwelt Mallarmés bieten und in Frankreich in zehn Bänden erschienen sind, gibt es in Deutschland nicht einmal in einer Auswahl. Hier müßte Abhilfe geschaffen werden, um eine erste Sicht auf das poetische Panorama Mallarmés zu ermöglichen. Es ist nicht verwunderlich, daß der Dichter und sein Werk im deutschsprachigen Raum bis auf den heutigen Tag nur ein schwaches Echo gefunden haben.

Um die Jahrhundertwende hat Stefan George, der einer seiner Schüler war, einen Versuch unternommen, Mallarmé in Deutschland einzuführen. Das tat er, man mag es beklagen oder nicht, in seiner ihm eigenen Sprache und für seine ihm am Herz liegende Leserschaft. So blieb denn Mallarmé eine schattenhafte Ikone des George-Kreises, die wenig nach außen wirkte. Immerhin erreichte sie den George-Verehrer Walter Benjamin, der in den zwanziger Jahren in einem Bericht über eine Lesung Paul Valérys auch auf Mallarmé eingeht. Auch zum jungen Hofmannsthal wehte der Funke, und in Rilkes Krise zur Zeit des ›Malte Laurids Brigge‹ finden sich Schatten der Krise Mallarmés in der »Nacht von Tournon«. Selbst die deutschen Expressionisten hatten vage von diesem Dichter gehört, aber sie liebten die schweren Geschütze, auch wenn sie nur auf Spatzenjagd gingen, und waren taub für die feinen Töne, die dieser Dichter ihnen schickte. Immerhin drangen sie noch zu Gottfried Benn, der sich für die poetische Revolution Mallarmés interessierte. Er ist einer der wenigen bei uns, die Mallarmés Bedeutung erkannten und für die Sprengkraft einiger Splitter seines Denkens empfänglich waren. In ›Probleme der Lyrik‹ und in ›Aphoristisches‹ betont Benn, daß Mallarmé ihn auf den »Wallungswert« der Wörter aufmerksam gemacht habe. Aber welchen Wallungswert haben die Wörter eines Dichters, der von sich sagte, er wisse nicht, was das sei, das Herz?

dedans: je l'eusse prié de m'admettre à son repas supérieur, partagé vite avec quelque aîné fameux jailli contre une proche toile en train des tours de force et banalités alliables au jour. Nu, de pirouetter dans sa prestesse de maillot à mon avis surprenante, lui, qui d'ailleurs commença: »Tes parents? – Je n'en ai pas. – Allons, si tu savais comme c'est farce, un père … même l'autre semaine que bouda la soupe, il faisait des grimasses aussi belles, quand le maître lançait les claques et les coups de pied. Mon cher!« et de triompher en élevant à moi la jambe avec aisance glorieuse,

Benn und Paul Celan, der als erster wieder einige wenige, die poetische Substanz erschließende Übersetzungsversuche gemacht hat, trennen fünfzig Jahre, zwei furchtbare Kriege und jenes Auschwitz, nach dem man, wie Adorno sagt, keine Gedichte mehr schreiben könne. Celan, der seine Mutter in Auschwitz verlor, hat weiter Gedichte geschrieben: Erdbebenaufzeichnungen, bis zum Skalenbruch. Das Schöne, das Mallarmé suchte, war für Celan tot. Während Mallarmé glaubte, zumindest in seinen frühen und mittleren Jahren, durch *évocations* und *constellations*, durch extreme Sprachverdichtungen, symbolische Auslichtungen und Staffelungen eine Annäherung an seine Ideale des Schönen und Absoluten erreichen zu können, hat Celan diese Hoffnung verloren. Er erfährt, vielleicht allzu exzentrisch, vor allem die Ohnmacht der Wörter, während Mallarmé, wortgläubig, seine eigene Ohnmacht gegenüber den Wörtern erfährt. Celan findet nur noch Wortschutt, und die Namen sind für ihn, den gottverlorenen Mystiker, »Unnamen«, die man mit dem »Messer des Schweigens« beschneiden muß: Das Gedicht heute zeige eine starke Neigung zum Verstummen, sagt er in seiner Büchner-Rede 1960. Mallarmé hätte ihm nicht widersprochen.

In den sechziger Jahren lassen sich einige Dichter der Konkreten Poesie in ihren Sprachexperimenten von Mallarmé anregen. So wird für Eugen Gomringer die *constellation* Mallarmés zu einem Schlüsselwort. Das war es auch schon für Mallarmé selbst. Sein erstes Schlüsselwort fand er bei E. A. Poe und Baudelaire: Dichtung ist die Hervorrufung einer Wirkung. Dieser Begriff der *évocation*, der als Evokation im Deutschen zu sehr befremdet, um schön zu sein, erweist sich als wirksam, steckt aber noch im idealistischen und romantischen Nominalismus und führt, aber nicht nur aus diesem Grund, im Dramenfragment ›Hérodiade‹ in eine Erkenntnis-Sackgasse. Erst das zweite Schlüsselwort *constellation* bahnt den Weg zu einer zunächst »statischen« (Benn), dann zu ei-

»il nous épate, papa,« puis de mordre au régal chaste du très jeune: »Ta maman, tu n'en as pas peut-être, que tu es seul? la mienne mange de la filasse et le monde bat des mains. Tu ne sais rien, des parents sont des gens drôles, qui font rire.« La parade s'exaltait, il partit: moi, je soupirai, déçu tout-à-coup de n'avoir pas de parents.

›Réminiscence‹, 1864

ner dialektischen Weltsicht, denn »die konstellation kennt keine negation«, sagt Gomringer.

Die wissenschaftliche Literatur über das Werk Mallarmés hat auch in Deutschland einen bedeutenden Umfang angenommen. Die extremen Bildverdichtungen und Sinnverflechtungen seiner Texte reizen Sinn- und Seelendeuter zu akrobatischen Kunststücken bis hin zum Salto mortale. Literatur- und Sprachwissenschaftler wie Kurt Wais, Marianne Kesting, Werner Vordtriede, Hugo Friedrich und Peter Szondi sehen in Mallarmés Poetologie den Anfang der modernen Kunst. Einen interessanten Versuch, den Dichter in seiner ganzen Komplexität zu erfassen, plante Jean-Paul Sartre, der auch Mallarmé, wie zuvor Flaubert, auf die Couch einer »existentiellen Psychoanalyse« legen wollte. Zwar ist die Absicht, am Beispiel eines Dichters die Übereinstimmung von gesellschaftlicher und individueller Wirklichkeit nachzuweisen, ein zum Scheitern verurteiltes Unterfangen, denn schon der Blick in eine andere Zeit wird immer vom eigenen historischen Horizont begrenzt, trotzdem ist zu bedauern, daß Sartres Plan vereitelt wurde: Bei einem Bombenanschlag auf seine Wohnung verbrannten zweitausend Manuskriptseiten des geplanten Werks; immerhin liegen uns Skizzen und Fragmente auch in deutscher Übersetzung vor.

Im deutschsprachigen Raum existiert als bis heute einzige größere Darstellung die Mallarmé-Biographie von Kurt Wais aus den dreißiger Jahren. Für heutige, zumal jüngere Leser ist dieses angejahrte, zuletzt 1952 aufgelegte Werk trotz erstaunlich hellsichtiger und intuitiver Einsichten eine recht zähe Lektüre. Selbst in Frankreich scheint die schöne, 1941 erschienene Biographie von Henri Mondor noch immer das unangefochtene, wenn auch etwas belächelte, doch als Fundgrube geschätzte Standardwerk zu sein. Aber mit Belletristik allein kommt man an diesen Dichter nicht heran

Elternlos, in Schwarz und mit leerem Blick irrte ich umher: während sich vor mir Festzelte ausbreiteten, erfaßte mich die Gewißheit, daß ich eines Tages zu dieser Welt gehören würde; ich liebte den Duft der Vagabunden, der mich meine Kameraden vergessen ließ. Noch drangen kein Chorgeschrei, keine fernen Tiraden aus den Zeltspalten, das Drama harrte der feierlichen Stunde der leuchtenden Augen entgegen, und ich wünschte einen Bengel mit Schlafmütze, die wie Dantes Käppchen aussah, anzureden, der zu schwächlich war, um mit seiner Sippe aufzutre-

Der hier vorgelegte Versuch einer Biographie ist von Mallarmés Aussage inspiriert, daß moderne Literatur nur noch kritisch sein könne. Der von mir gewählte Zugang zu seiner ›Autobiographie‹ im Sinne Ungarettis folgt weder einer beschreibenden noch besonders tiefschürfenden Methode, sondern er will – vor allem auf der Basis der Briefe des Dichters und seiner Freunde, denn gerade sie bahnen einen Weg durch das Leben Mallarmés in sein »dunkles« Werk – eine kritische Vielstimmigkeit evozieren. Ich glaube, daß das Leben eines Menschen keine Fremdsprache ist und weder übersetzt noch gedeutet zu werden braucht. Textimmanente Betrachtung, mag sie idealistisch, linguistisch oder strukturalistisch begründet sein und dem L'art pour l'art noch so schmeicheln, scheint mir, wenn sie die Lebensschrift ignoriert, nur neue Sackgassen zu erschließen. Gerade seit Mallarmé sollte man es wissen.

Zu meiner Darstellung der wichtigsten Werke Mallarmés sei angemerkt, daß ich mich angesichts des lebenslangen *work-in-progress*-Charakters dieser Werke, die ganz oder teilweise in mehreren, voneinander erheblich abweichenden Fassungen vorliegen, meist auf die Fassung letzter Hand stütze und bei der stofflichen Wiedergabe auf die geistige Essenz der Dichtungen beschränken muß. Der an einer ausführlicheren Darstellung und Deutung interessierte Leser sei auf das in dieser Hinsicht sehr brauchbare Buch von Kurt Wais verwiesen.

ten; er hielt sich abseits und aß eine Stulle mit Weichkäse, weiß wie Gletscherberge, Lilien oder ein anderes Weiß von Federn: ich wollte ihn bitten, mich an seiner erlesenen Mahlzeit teilnehmen zu lassen, die er rasch mit einem Älteren teilte, der ruhmumwittert an einem der benachbarten Zelte aufgetaucht war, aufgelegt zu Kraftproben und alltäglichen Albernheiten. Nackt, um mit flinken Pirouetten in seinem meiner Meinung nach überwältigenden Trikot aufzutrumpfen, war er es übrigens, der fragte: »Deine Eltern?« – »Ich habe keine.« – »Na, wenn du wüßtest, was für ein Possenreißer ein Vater ist … sogar letzte Woche, als es nichts zu essen gab, schnitt er so schöne Fratzen, als der Direktor Schläge und Fußtritte austeilte. Da staunst du!« und indem er triumphierend mit herrlicher Leichtigkeit mir das vorgestreckte Bein zeigte, »Papa ist wunderbar«, und dann in den keuschen Schmaus des Jüngeren beißend: »Hast du vielleicht auch keine Mutter mehr, bist du allein? Meine Mama verschluckt Stricke, und die Leute klatschen Beifall. Du hast keine Ahnung, Eltern sind komische Leute, über die man lachen muß.« Die Vorstellung sollte beginnen, er verschwand: ich seufzte, plötzlich enttäuscht, keine Eltern zu haben.

Das Prosagedicht ›Andenken‹, eine der seltenen Stellen mit Bezug zur Kindheit

Kindheit und Jugend

Heute möchte sich ein Erkennender
leicht als Tierwerdung Gottes fühlen.
Friedrich Nietzsche

Als Mallarmé 1842 geboren wird, hat Frankreich stürmische Zeiten hinter sich und stürmische vor sich. 1815 ist Kaiser Napoleons Größenwahn besiegt und er selbst auf die Insel Sankt Helena verbannt. Die Ära der Restauration beginnt mit der Rückkehr Ludwigs XVIII. und wird nach dessen Tod 1824 von Karl X. fortgesetzt. Die Revolution von 1830 zwingt den König zur Abdankung, der Bürgerkönig Louis Philippe wird sein Nachfolger in einem »mit Geld gepanzerten Parlamentarismus« und seinerseits 1848 von der Revolution hinweggefegt. Die Zweite Republik hält sich bis 1852, als Napoleon III. in einem durch Volksabstimmung abgesegneten Staatsstreich die Macht ergreift. Seine Ära, das *Second Empire*, endet 1870 in der Katastrophe von Sedan.

Außenpolitisch ist Frankreich schon seit der Revolution von 1789 und vor allem seit dem Versuch Napoleons, Europa mit Hilfe seiner Armeen zu ›befreien‹, isoliert. Die europäischen Mächte beobachten es mißtrauisch. Im Innern wird das Land von heftigen Flügelkämpfen zerrissen, die es an den Rand des Bürgerkriegs führen. Es ist im wesentlichen der Kampf des aufstrebenden Bürgertums, das die Geldrepublik auf seine Fahnen geschrieben hat, gegen den die Monarchie und seine eigenen Privilegien verteidigenden Adel und Klerus. Nach zwei Jahrzehnten des Stillstands geht es steil bergauf. Die neu entstandenen Großbanken verwahren nicht mehr wie ihre Vorgänger, die kleinen örtlichen Kreditinstitute, die Sparstrümpfe der Großväter, sondern investieren in Großunter-

Im Jahr 1842 hielt der Dichter Alphonse de Lamartine (1790–1869), der seit 1832 Abgeordneter der Kammer war, eine vielbeachtete Rede, deren Intention es war, einer Revolution vorzubeugen. Die Behauptung aus Regierungskreisen, zu freigebig gewährte politische Freiheiten seien gefährlich, veranlaßte ihn zu versichern: »Wissen Sie, welches die gefährlichen Freiheiten sind? Es sind die Freiheiten, die das Volk sich nimmt, nicht jene, die man ihm gewährt.«

nehmen und kurbeln damit die Wirtschaft an. Auf dem Land profitieren die großen Güter von neuen Erkenntnissen der Wissenschaften und erzielen durch Bodenverbesserung höhere Erträge. In der Industrie vollzieht sich der Übergang zum hochentwickelten Kapitalismus, Chemie und Kohle boomen, der Ausbau der Verkehrswege und des Transportwesens bringt den Handel in Schwung. Das Eisenbahnnetz entsteht, technische Erfindungen wie der mechanische Webstuhl und die Nähmaschine schaffen die Grundlagen einer Textilindustrie und Kleiderkonfektion. Die Börse wird gegründet, *Enrichissez-vous!* – »Werdet reich!« ist der Wahlspruch dieser Zeit. Das Volk jedoch spürt vom wirtschaftlichen Aufschwung wenig. Auf dem Land wie in der Stadt arbeitet man an sieben Tagen in der Woche 13 bis 15 Stunden täglich, Kinderarbeit ist gang und gäbe (erst 1841 wird die Arbeit von Kindern unter acht [!] Jahren verboten), in den elenden Massenquartieren grassieren Rachitis, Tuberkulose, Cholera und Alkoholismus, die Sterblichkeitsrate ist extrem hoch. Aber die unteren Volksklassen nehmen ihr Los immer weniger gott- oder schicksalsergeben hin. 1841 verkündet Proudhon, der Vater des Anarchismus, »Eigentum ist Diebstahl«, und *Vivre en travaillant, mourir en combattant!* (»Arbeitend lebend, kämpfend sterben!«) wird zur Parole der Arbeiter.

In den Schulen kristallisiert sich der Konflikt zwischen Staat und katholischer Kirche heraus, die seit der Revolution von 1830 nicht mehr Staatsreligion ist und viele Privilegien verloren hat, vor allem im Bereich der Erziehung und Ausbildung. Auch in den Künsten findet ein Kulturkampf statt. In der Literatur, traditionell die einflußreichste Kunst in Frankreich, hat die Romantik den Klassizismus aus dem Feld geschlagen. Victor Hugo, Lamartine, Vigny, Musset, Stendhal, Balzac schreiben ihre Meisterwerke. Aber in ihrem Zenit nistet schon der Nadir, denn auch die Romantik mit ihrer Naturschwärmerei, Gefühls- und Ichseligkeit ist nicht mehr zeitgemäß. Realismus ist angesagt, und Realismus heißt jetzt Pro-

Pierre-Joseph Proudhon (1809–1865) war unter den Begründern des Sozialismus einer der ganz wenigen Autodidakten handwerklich-bäuerlicher Herkunft. 1848 wurde er Abgeordneter der französischen Nationalversammlung. Sein Ziel war die Abschaffung des Kapitalismus durch die Vervielfachung von »Arbeitergenossenschaften«, also Produktionskooperationen. Diese Genossenschaften sollten von Banken finanziert werden, die Geld ohne Gewinn verliehen. Mit seiner Theorie der »positiven Anarchie« wurde er zu einem der Schöpfer des Anarchismus. Von 1858 bis 1862 lebte er in der Verbannung in Belgien.

vokation. Die Protestbewegung damals nennt sich *bohème* und Junges Frankreich, und mit langen Haaren, wallenden Bärten und phantastischen Kleidern stürmt sie die Salons der Romantiker und attackiert die *camaraderie littéraire*, die Cliquenwirtschaft und Selbstbeweihräucherung der romantischen Zirkel. Ihre Parole ist der Umsturz, der sich allerdings meist mit dem Umsturz der Syntax begnügt. Ihr Glaubensbekenntnis lautet: »Vor dem Gott Kunst werde jede Macht zunichte!« Freiheit ist Anarchie, Gesetzlosigkeit, Revolte gegen die Ordnung der Spießer. *Épater le bourgeois* (sinngemäß: dem Bürger einheizen!) heißt eine andere Devise. Wortführer dieser Bürgerschreck-Generation und Begründer des *l'art pour l'art* ist der neunzehnjährige Dichter Théophile Gautier, der im Vorwort zu seinen frühen Gedichten schreibt: »Der Verfasser dieses Buches ist ein junger Mann …, der von der Welt nur das gesehen hat, was man durchs Fenster sieht, und er hat kein Verlangen gehabt, mehr davon zu sehen … Er schreibt Verse, um einen Vorwand zu haben, nichts zu tun, und er tut nichts unter dem Vorwand, daß er Verse schreibe.« Voller Verachtung wendet er sich gegen die »Nützlichkeitsverfechter«. Der Nutzen der Kunst sei es allein, schön und überflüssig zu sein wie Blumen, Schmetterlinge, Vögel. Baudelaire wird später seine ›Blumen des Bösen‹ Gautier widmen und im Vorwort schreiben: »Die Welt hat ein Ausmaß an Vulgarität angenommen, daß die Verachtung des geistigen Menschen die Gewalt einer Leidenschaft erreicht.«

Die Ablehnung der »Weisheit der Natur«, von Baudelaire noch als Kritik an Rousseau und der Romantik verstanden, ist bei Gautier bereits eine – allerdings eher defensive – Ablehnung der »Wissenschaft von der Natur«. Die Generation Mallarmés wird daraus eine aggressive Ablehnung aller Wissenschaft und allen Fortschrittsdenkens machen und sich auf Baudelaire berufen, um den der Naturwissenschaft hinterherhechelnden Naturalismus zu bekämpfen. Die gute alte Postkutschenzeit, die es nie gab, wird ab-

Frankreich genoß in den dreißiger und vierziger Jahren das Privileg, ein Mittelpunkt der wissenschaftlichen Forschung zu sein. Bedeutende Gelehrte wie J. B. Lamarck (Mitbegründer der Abstammungslehre) oder die Mathematiker J. B. J. Fourier und A. L. Cauchy stammen aus Frankreich. Seit der Revolution von 1789 ist besonders Paris zu einem Schmelztiegel progressiver Ideen und zur Wahlheimat politischer Emigranten aus beinahe ganz Europa geworden. 1843 kommt Karl Marx nach Paris, wo seine Freundschaft und Zusammenarbeit mit Friedrich Engels beginnt. 1845 wird er von der französischen Regierung ausgewiesen.

gelöst von einer »eisernen« Zeit (Hölderlin), die technischen Fortschritt, aber auch krasse soziale Ungerechtigkeit mit sich bringt, eine Zeit des Umbruchs, in der es in allen Lebensbereichen gärt. In sie wird der Dichter Mallarmé hineingeboren, und sie wird ihn nicht mit Jubel begrüßen.

Stéphane Mallarmé erblickt am 18. März 1842 im heute vornehmen Pariser Stadtteil Passy das Licht der Welt. Der Vater bekleidet den recht bescheidenen Posten eines stellvertretenden Leiters im Grundbuchamt, der die Tochter seines Vorgesetzten geheiratet hat. Der Beruf hat Tradition in der Familie: »Die Familien väter- und mütterlicherseits brachten seit der Revolution eine ununterbrochene Reihe von Bürokraten im Grundbuchamt hervor; und obwohl sie fast immer hohe Stellungen einnahmen, habe ich mich dieser Laufbahn entzogen, zu der man mich schon als Säugling bestimmt hatte.« So lakonisch kommentiert Mallarmé seine Ahnenreihe und verschweigt dabei wie immer mehr, als er sagt. Ergüsse und Bekenntnisse, den Romantikern noch so lieb, liegen ihm nicht. Hier ist er gegen den Einfluß seines Vorbilds Baudelaire gefeit, der in seiner autobiographischen Schrift ›Mein entblößtes Herz‹ bisweilen die Grenzen zur nackten Peinlichkeit überschreitet. Mallarmé neigt weder zur Rück- noch zur Nabelschau. Von ihm selbst erfährt man wenig über seine Kindheit, und das Wenige ist in Dichtung verwandelt. Immerhin schwingt in der nüchternen Formulierung »habe ich mich dieser Laufbahn entzogen« ein gewisser Stolz mit. Ironisch, aber mit eindeutiger Sympathie äußert Mallarmé sich dagegen über die Außenseiter in seiner Familie: »Ich finde

Die meisten Mißverständnisse hinsichtlich des Schönen stammen aus der falschen Auffassung der Moral des 18. Jahrhunderts. Die Natur wurde damals als Grundlage, Ursprung und Vorbild aller Möglichkeiten des Guten und Schönen angenommen. Die Verneinung der Erbsünde sprach bei der allgemeinen Verblendung dieser Epoche nicht wenig mit. Wenn wir dennoch übereinkommen, uns einfach an die sichtbaren Tatsachen, an die Erfahrung aller Zeiten und an die Gerichtssaalberichte zu halten, merken wir, daß die Natur nichts oder fast nichts lehrt, das heißt, daß sie den Menschen zwingt zu schlafen, zu trinken, zu essen und sich wohl oder übel gegen die Feindseligkeit der Atmosphäre zu schützen. Sie ist es auch, die den Menschen dazu treibt, seinesgleichen zu töten, aufzufressen, einzusperren und zu martern, denn sobald wir das Gebiet der Notwendigkeiten und Bedürfnisse verlassen und das des Luxus und Genusses betreten, erfahren wir, daß die einzigen Ratschläge der Natur auf das Verbrechen hinauslaufen.

Aus Charles Baudelaire, ›Lobrede auf die Schminke‹

Spuren vom Geschmack an der Feder, nicht bloß um Akten zu registrieren, bei einigen meiner Vorfahren; der eine, sicher vor der Schaffung des Grundbuchamts, war Verlagssyndikus unter Ludwig XVI. … Ein anderer verfaßte scherzhafte Verse in den ›Almanachs des Muses‹ und den ›Étrennes aux Dames‹. Als Kind kannte ich, in dem alten Interieur der Pariser Bürgerfamilie, einen Urgroßcousin, der ein hundertprozentig romantisches Buch mit dem Titel ›Engel oder Dämon‹ veröffentlicht hatte.«

Nach diesen spröden Sätzen aus einem Brief an Paul Verlaine, der ihn 1883 für einen Essay um einige biographische Angaben ersucht, ahnt man, daß dieses Kind gegen den Strom der Familientradition schwimmt, in der die blanke Langeweile herrscht. Aber diese Langeweile, französisch *ennui*, ist ansteckend.

Von der Mutter, Elisabeth Mallarmé, geborene Desmolins, ist so gut wie nichts bekannt. Ein karger Hinweis findet sich in einem Brief ihrer Mutter, die anläßlich der Geburt von Mallarmés Tochter an ihren Enkel schreibt: »Möge die liebe Kleine die Vorzüge ihrer armen Oma erben, aber nicht diese lebhafte Einbildungskraft, die ihrem Organismus so sehr geschadet hat.« Die Einbildungskraft des lebenslang kränklichen Dichters könnte also ein Erbe der Mutter sein.

Am 25. März 1844 wird dem Dichter eine Schwester, Marie, genannt Maria, geboren. Deren Name wird Mallarmé sein ganzes Leben in verschiedenen Verkörperungen begleiten. Mallarmé ist gerade fünf Jahre alt, als seine mit 28 Jahren noch junge Mutter nach der

2 Numa Mallarmé, Fotografie um 1862, der Vater.

3 Madame Mallarmé, geborene Anne-Hubertine-Léonide Mathieu, Zeichnung von Bénoni Blanc, März 1859, die Stiefmutter

Rückkehr von einer Italienreise stirbt. Woran starb sie? Es ist nirgends dokumentiert. An der in beiden Familientraditionen grassierenden Langweile? Oder an übergroßer Einbildungskraft, nach der Devise »Neapel sehen und sterben«? – Man erinnere sich daran, wie stark ein halbes Jahrhundert früher das Italien-Erlebnis auf einen verklemmten Frankfurter Dichter wirkte.

Was bedeutet dieser frühe Tod der Mutter für das fünfjährige Kind? Es gibt eine einzige, angeblich authentische Information darüber, aber die Quelle ist zweifelhaft: »Einige Tage nach dem Ereignis rief seine Großmutter es in den Salon, wo sie einen Besuch empfing, und da diese Person von dem eingetretenen Unglück sprach, beschloß das Kind, aus Verlegenheit wegen seines Mangels an Schmerz, der ihm nicht die angemessene Haltung gab, sich auf dem Teppich zu wälzen und sich die langen Haare zu schütteln, die ihm gegen die Schläfen schlugen.« Wenn die Geschichte wahr wäre, was könnte man daraus schließen? Kaltherzigkeit? Tatsache ist, daß das Kind, kaum ist die Mutter begraben, an den Masern erkrankt. Die Welt des Kindes hat von nun an einen Riß, in den sich ontische Unsicherheit einnistet.

Da der Vater sich nicht um die Kinder kümmern kann, kommen sie zu den Großeltern mütterlicherseits. In den uns überlieferten Briefen erscheint uns der Großvater als steifer, pflichtbewußter Bürokrat, der, als er in Rente geht, den Gipfel seiner Laufbahn als

Mallarmé erzählte heute abend, daß man ihn in ein Internat in Auteuil geschickt hatte ... Dort war er wegen seines plebejischen Namens mit Fußtritten und Faustschlägen von seinen adligen Mitschülern empfangen worden: so daß er sich die Frechheit herausnahm, zu behaupten, daß das nicht sein wahrer Name sei, daß er der Graf von Boulainvilliers sei. Und als seine Großmutter ihn rufen ließ, blieb er lange in einem fernen Winkel des Parks ... und ließ seinen wahren Namen sich verlieren, sich in Luft auflösen.

Aus dem Tagebuch der Gebrüder Goncourt

Leiter des Grundbuchamts erklommen hat. Die erzkatholische, etwas bigotte Großmutter scheint in dem Haushalt das Sagen zu haben; sie nimmt mit großer Entschlossenheit die Erziehung der Halbwaisen in die Hand. Den kränklichen und sensiblen Zehnjährigen, erzogen und geprägt bisher von ehrwürdigen, tugendhaften, sehr katholischen und seine Zukunft vorausplanenden älteren Damen (»Fastengesichter« wird der junge Mallarmé sie später nennen) schickt sie ins Internat der Frères des Ecoles Chrétiennes in Auteuil. Der Junge trifft dort vor allem auf Schüler aus adligen Familien, die den Bürgerspross mit deutlicher Herablassung behandeln. Aber nicht nur wegen seiner bürgerlichen Herkunft wird er angefeindet, sondern auch wegen des Großvaters väterlicherseits, François-Auguste Mallarmé, der sich während der Revolution als »Girondistenschlächter« hervorgetan hatte und acht Jahre vor der Geburt seines Enkels Stéphane in einem belgischen Irrenhaus gestorben war.

Anders als der adlige Alfred de Vigny, der über ähnlich schlechte Erfahrungen – allerdings mit Bürgerkindern – berichtet: »Ich fühlte mich geächtet (*d'une race maudite*), und das stimmte mich düster und nachdenklich«, bleibt der junge Mallarmé sanft und träumerisch. Obwohl er als mittelmäßiger Schüler eingestuft wird, fallen seine ausgezeichneten Manieren, seine Höflichkeit und Vornehmheit auf. Selbst die fast nie zufriedene Großmutter schreibt in einem Brief: »Stéphane ist sehr lieb im Augenblick; der liebe Kleine erwartete mich heute mit einem kleinen Brief, den er für seinen lieben Papa geschrieben hatte; ich konnte ihn nicht lesen, und er selbst hat ihn mir vorgelesen mit einem Gefühl, einem eindringlichen Ton, der mich gerührt hat; wenn er auch nicht gerade fleißig ist, so ist er wenigstens gut, und diese Eigenschaft schätze ich sehr.«

Den »kleinen Brief an seinen lieben Papa« schreibt der Junge nach Sens, eine Kreisstadt 100 Kilometer südöstlich von Paris, wo der Vater zum Leiter der Hypothekenverwaltung ernannt worden ist. Seit Anfang 1852 ist dieser in zweiter Ehe mit der 24 Jahre jüngeren

Girondisten: Bezeichnung für die gemäßigten Rublikaner während der Französischen Revolution aus dem Département Gironde. Zu ihren Anführern gehörten P. V. Vergniaud, J. P. Brissot, J.-M. Roland und A. Condorcet. Sie stellten in der Legislative die Mehrheit. 1782 setzten sie die Kriegserklärung an Österreich und zusammen mit den Jakobinern den Sturz der Monarchie durch. Der Aufstand der Sansculotten 1793 führte zur Verhaftung und Hinrichtung der führenden Girondisten.

Anne Mathieu verheiratet. Aus dieser Ehe werden noch vier Kinder hervorgehen. Über die Wiederverheiratung des Vaters, fünf Jahre nach dem Tod seiner ersten Frau, schreibt Sartre, er habe sich damit »in den Saustall des Seins gestürzt. Das wird ihm niemals verziehen werden. Um die Würdelosigkeit zum Gipfel zu treiben, macht er seiner neuen Frau ein Kind. Dieser kleine Eindringling wird nicht gut empfangen werden.«

Sartres Deutung ist drastisch, trifft aber den Kern, denn ab diesem Zeitpunkt ändert sich der sonst so stille und höfliche Junge. Schon bald glaubt seine manchmal schulmeisterliche und übertrieben strenge Großmutter erste Anzeichen der Flegeljahre zu entdekken, vor allem Aggressivität. Sie klagt ihr Leid: »Er ist auch nicht mehr liebenswert im Wesen; er ist in seiner unvorteilhaften Phase.«

Auch mit dem Großvater scheint es zu Konflikten gekommen zu sein. In einem Brief bittet der Junge ihn um Verzeihung »für all den Kummer, den ich Dir vielleicht verursacht habe durch mein schlechtes Benehmen und meine schlechte Arbeit ... Ich hoffe, Du kommst zu meiner Erstkommunion, wo Du, um Dich mit mir zu vereinen, Deinen Schöpfer empfangen wirst, denn anders wäre dieser große Tag traurig für mich, was Du sicher nicht willst.«

Die ersten bekannten Schriften Mallarmés entstehen 1854, es sind erbauliche Schulaufsätze mit Titeln wie ›Der Goldene Kelch‹ und ›Der Schutzengel‹, worin es heißt: »Und wenn er [der junge Mann] mitten in die Welt geworfen wird, wirst nur Du [der Schutzengel] ihn nie verlassen, Du ersetzt ihm eine Mutter, die er vielleicht verloren hat.« – Man beachte das an Heidegger erinnernde »in die Welt geworfen« und das »vielleicht« im Nebensatz.

Trotz besserer schulischer Leistungen wird es in der Schule immer schwieriger für ihn. Mallarmé hat dort keinen einzigen Freund

So sieht es im Schlafraum [im Internat von Sens] aus: Es gibt viele Betten, neben ihnen kleine, hutzelige Nachttische, die als Stühle und für die Toilettensachen dienen. Mitten in den Schülerbetten steht das Bett der Aufsicht, und mitten im Schlafraum gibt es einen Brunnen, wo man sich morgens wäscht. In jeder Unterrichtsstunde sind wir fast dreißig Schüler in der Klasse ... Die Pausen sind viel zu kurz. Heute morgen waren wir in der Messe; die Kapelle ist sehr hübsch und sieht fast wie eine Kirche aus, bloß sitzt man auf viel zu hohen Bänken, und man muß auf dem nackten Boden knien ... Was den Erzbischof oder besser den erzbischöflichen Palast anlangt, so war ich am Montag mit Mama dort, um Monsieur Chauveaux zu besuchen. Ich hatte starke Kopfschmerzen und habe dort gekotzt.

An sein Schwester Maria, April 1856

oder Kameraden, die aristokratischen Mitschüler verachten ihn, die Lehrer, wohl in der Mehrzahl Kleriker, werfen ihm Aufsässigkeit und Verstocktheit vor. Der Junge leidet, und offenbar haben der Vater und die Großeltern ein Einsehen. Man nimmt ihn vom Pensionat, und er wird Internatsschüler am Gymnasium von Sens, wo er zumindest seine Wochenenden und freien Tage in der neuen Familie des Vaters verbringen kann. Das bedeutet mehr Zuwendung, aber auch mehr Kontrolle, der Junge soll ja nicht auf die schiefe Bahn geraten.

Anders als in Auteuil scheint sich der junge Mallarmé im Internat von Sens wohl zu fühlen. Zum erstenmal findet er Kameraden, und die Stiefmutter schreibt an Maria: »Dein Bruder und sein kleiner Kamerad haben die Zeit damit verbracht, Trommel zu spielen und sich in einem Heuhaufen zu wälzen, Du siehst, es gibt hier nicht viele Zerstreuungen.«

Zu ihrer Erstkommunion schreibt er Maria einen Brief, der an den Stil der frömmlerischen Großmutter erinnert: »Liebe kleine Schwester … Ich habe mit sehr großer Freude erfahren, daß Du eine Bravheitsmedaille bekommen hast. Das ist ein Beweis für Deine gute Vorbereitung auf einen der wichtigsten Akte Deines Lebens. Dieser Tag erinnert mich an den, an dem ich dasselbe Glück wie Du hatte. Damit kein Gefühl von Traurigkeit den Moment trübt, wo Du so fröhlich sein mußt, habe ich mein möglichstes getan, um von halb acht Uhr vor-

4 Mallarmés Schwester Maria (1844–1857)

Seit Maria mich verlassen hat, um auf einen anderen Stern zu gehen – welcher mag es sein, Orion, Altair oder du, grüne Venus? – habe ich immer die Einsamkeit geliebt. Wie lange Tage habe ich allein mit meiner Katze verbracht. Mit allein meine ich,

mittags an Ausgang zu bekommen, um mich mit Stiefmama Dir zugesellen zu können. Ich habe mich auch bemüht, Dir einen guten Platz zu besorgen, und es ist mir gelungen.« Der Brief klingt hohl, als stamme er von einer Bauchrednerpuppe. – Möglicherweise liest die Großmutter seine Briefe, bevor sie weggeschickt werden, darum ist Vorsicht am Platz, der Brief muß durch die Zensur.

Im August 1857 stirbt Maria mit 13 Jahren. Kurt Wais redet vage von einer Erbkrankheit, andere Biographen erwähnen überhaupt keine Todesursache. Marias Tod treibt den Jungen tief in die Isolation; der Verlust der Mutter scheint sich zu wiederholen: Zweimal war jemand da, zwei Feen, die ganz aus diesem Dasein zu bestehen und es auszufüllen schienen, und zweimal sind sie verschwunden wie eine Fata Morgana, zwei »jener magischen geschlossenen Seerosen, die plötzlich erscheinen und mit ihrer hohlen Weiße ein Nichts umschließen«.

Mallarmé beendet sein drittes Jahr am Gymnasium mit mittelmäßigen Noten. Inzwischen wohnt er bei seinem Vater und seiner Stiefmutter. Während der Vater voller Stolz schreibt: »Ich habe Stéphane um halb neun zum Gymnasium gebracht; er benimmt sich tadellos und sieht mit seinem Raglanmantel wie ein Lord aus«, jammert die Großmutter: »Ich finde, er ist so herzlos im Moment, daß ich ihn fast schon aufgegeben habe; dagegen ist seine Einbildung so allmächtig, er schwelgt in seinen Verdiensten. Das arme Kind erfährt schon jetzt die menschlichen Schwächen, ohne ausreichend gerüstet zu sein, sie zu bekämpfen.« – Die lebhafte Einbildung der Mutter ist beim Sohn »allmächtig« geworden.

Schon bald sorgt sich auch der Vater wegen Stéphanes Leidenschaft für die Literatur, vor allem für Victor Hugo, der nicht eben ein Ausbund an staatsbürgerlicher Tugend ist. Er ist der kraftstrotzende, selbstherrliche, rebellische Held der Jugend, die ihn verehrt, ihm nacheifert und sich, wie im Skandal um ›Hernani‹, sogar für ihn prügelt.

ohne ein materielles Wesen, und meine Katze ist ein mystischer Gefährte, ein Geist. Ich kann also sagen, daß ich lange Tage allein mit meiner Katze verbracht habe und allein mit einem der letzten Schriftsteller der lateinischen Dekadenz; denn seit das weiße Geschöpf nicht mehr ist, habe ich, seltsam und sonderbar, all das geliebt, was mit diesem einen Wort gesagt ist: Untergang.

›Herbstklage‹, 1864

Was der junge Mallarmé vor allem von Hugo festhält, ist seine Auffassung vom Dichter als einem Auserwählten, als Seher und Propheten, als *poeta vates*. Auch Hugos anarchisches und kämpferisches Leben ist ein verlockendes Vorbild. Was ist dagegen die Aussicht auf eine Karriere als Bürokrat in der Verwaltung? Der Junge sieht diese Zukunft ja vor sich, in der Gestalt des frühzeitig gealterten und schon bald dahinsiechenden Vaters und des schon im Ruhestand verdämmernden Großvaters, der ein moralischer Pedant ist. Was sollte an der Perspektive auch verlockend sein, das Leben in miesen kleinen Büros abzusitzen, ohne eine Spur von Risiko, Abenteuer, Abwechslung? Der Siebzehnjährige sieht seine Zukunft im Spiegel zweier Generationen. – Alles andere kann nur besser sein.

Mallarmés Lehrer beklagen »sein aufsässiges und nichtsnutziges Wesen, das ihn dazu anstachelt, immer widerspenstig zu sein, niemals einen Fehler zugeben zu wollen«; 1858 findet Madame Desmolins »dieses Herz jetzt so kalt, daß sie fast nicht wagt, auf ihn zu zählen«, und 1860 ist sie wieder sehr bekümmert: »Ich sehe mit Bedauern, daß er seinem Großvater Kummer macht und daß es ihm hier keineswegs gefällt mit seinen Vorlieben, die sich sehr von unseren unterscheiden.« In der Tat scheint der Junge nicht viel Zuneigung für seine Großeltern empfunden zu haben.

Anfang 1859 leidet er mehrere Wochen an rheumatischen Schmerzen in den Beinen und an heftigen Kopfschmerzen. Die Stiefmutter pflegt ihn zärtlich, was auch die Großmutter, die keine Sympathie für die neue Frau ihres Schwiegersohns zu hegen scheint, anerkennen muß. Dagegen verfällt der Vater nach einem Schlaganfall zusehends. Er vergißt die einfachsten Dinge, die Namen, die Zahlen. Er kann seinem Sohn keine erzieherische Autorität mehr sein.

Für sein ›Gebet einer Mutter‹ erhält Mallarmé im Gymnasium eine ehrenvolle Erwähnung. In zwei Gedichten scheint er seine

Ihr werdet entdecken, daß euer Kind von Poesie träumt und nur Victor Hugo bewundert, der alles andere als ein Klassiker ist. Diese Schwäche ist seiner Erziehung nicht gerade förderlich ..., ich mußte ihm die Lektüre der Romantiker verbieten, außer zur Erholung, und fordern, daß er sich jetzt mit Corneille, Racine und Molière beschäftigt, die er unbedingt kennen muß, um seine Studien erfolgreich zu beenden. Seine Zukunft macht mir große Sorgen, und nach reiflicher Überlegung neige ich zu unserer Verwaltung, die das Brot auf den Tisch bringt und für die Zukunft ein sicheres Erbe ... Bitte bestärkt ihn in diesem Gedanken.

Mallarmés Vater in einem Brief an die Großeltern, 1858

Trauer um eine frühverstorbene Jugendfreundin namens Harriet – so wird die junge Tote im Gedicht genannt – zu verarbeiten: »Ihr Grab ist geöffnet«, »Ihr Grab ist geschlossen.« Da man nichts von einer englischen Jugendfreundin weiß, liegt die Vermutung nahe, daß er hier den Tod der Mutter und der Schwester betrauert:

»Sie ist tot! … und das sterbende Jahrhundert
wird sie schon morgen in das zweite Grab des Vergessens stoßen!
… Gestern die Schwester, heute die Freundin!
Diese Nacht hat mein Leichentuch für morgen gewebt!
Birg mich in ihm, dunkler Tod, allein kann ich nicht leben!« –

Der Ton ist eine ziemlich linkische Nachahmung, ja fast eine Parodie der romantischen Gedichte von Hugo, vor allem von dessen ›Contemplations‹, aber es zeigt sich darin bereits vieles, was später zur Meisterschaft reift: die Weigerung, sich gehenzulassen, der Horror vor leichten Lösungen, Gemeinplätzen, Gefühlsduseleien und Wortekstasen, denn wo und wann immer sie erscheinen,

5 Der Besitz der Gaillons in Sens, Aquarell von Pierre Michaud, 1936. Die Wohnung der Familie Mallarmé in Sens

6 Edgar Allan Poe. Zeichnung von Ismael Gentz, 1907

stimmt etwas nicht. In diesem Gedicht erfährt man, daß das Kind die feierlichen Redensarten der Erwachsenen als bequeme Lügen durchschaut, und entschlossen tritt der junge Dichter in die Fußstapfen seines Vorbilds Edgar Allan Poe, der in seiner ›Philosophy of Composition‹ schrieb: »Der Tod einer schönen Frau ist fraglos das poetischste Thema der Welt.«

Die großen Ferien verbringt Mallarmé bei den Großeltern, nicht weil er sich zu ihnen hingezogen fühlt, sondern eher, um der Langeweile der Provinzstadt Sens zu entkommen und die Pariser Luft zu atmen. Im August 1860 fällt er durchs Abitur. Die Großmutter, die nun in Versailles wohnt, klagt: »Ich wartete auf die Ankunft unseres Stéphane, in der Hoffnung, Dir ein glückliches Ergebnis seiner Abiturprüfung melden zu können; und zu meinem Bedauern muß ich Dir sagen ..., daß er dieses erste Mal versagt hat. Das ist traurig ..., denn er ist sehr erniedrigt; traurig, wegen der moralischen Wirkung, des Rückstands, der Zeitverschwendung ... Sein geringer Erfolg stimmt uns alle traurig, und dann sehe ich mit Bedauern, daß er seinen Großvater ermüdet, daß er sich hier gar nicht amüsiert mit seinen Vorlieben, die so anders als unsere sind. Die extreme Eintönigkeit unseres Heims ... ist für einen jungen Mann alles andere als erheiternd, das muß ich zugeben ... Wir haben ein großes Bedürfnis nach Gebeten.«

Edgar Allan Poe (1809–1849) war der bedeutendste Vertreter der amerikanischen Romantik und wirkte mit seinen morbiden, psychologisch tiefgründigen Gedichten und Erzählungen am stärksten auf die französischen Dichter ein. Baudelaire, der in ihm den *poète maudit* par excellence sah, entdeckte und übersetzte seine Prosa. Mallarmé übertrug später Poes Gedichte. Poes Dichtungslehre, die er am Beispiel seines berühmten Gedichts ›Der Rabe‹ erläuterte, wirkte stark auf die Poetik des jungen Mallarmé.

Schon im November wird der junge Mann die Scharte auswetzen, als er sich in Paris zur Abiturprüfung meldet und sie besteht. Die Großmutter atmet auf: »Das ist immerhin ein großer Schritt vorwärts zu einer gesellschaftlichen Position.« Ende Dezember wird Mallarmé Angestellter bei einem Steuereinnehmer in Sens, für ihn »der erste Schritt in die Verblödung«, wie er wenig später einem Freund mitteilt. Damals ist er noch allein. Er schreibt Unmengen von Gedichten, fast allesamt Nachahmungen von Hugo und Lamartine, von denen er kein einziges veröffentlichen wird. Auch versucht er, die Gedichte Edgar Allan Poes zu übersetzen, und er liest ungeheuer viel: André Chénier, Victor Hugo, Alfred de Vigny, Alphonse de Lamartine, Alfred de Musset, Théophile Gautier, William Shakespeare, Johann Wolfgang von Goethe, Heinrich Heine. Die Schule ist aus, der Ernst des Lebens schneidet eine Fratze. Keiner seiner Mitschüler oder Lehrer hätte wohl vorausgesehen, daß der zarteste Schüler zum hartnäckigsten Menschen werden sollte, der schweigsamste zum Dichter und der höflichste unter ihnen zum radikalen Narr.

7 Victor Hugo. Farblithographie. Victor Hugo (1802–1885) studierte kurze Zeit am Pariser Polytechnikum, wandte sich aber schon bald ausschließlich der literarischen Tätigkeit zu. 1827 beendete er das Versdrama ›Cromwell‹, in dessen Vorwort er Stellung gegen den Klassizismus bezog und damit gewissermaßen das Manifest des romantischen Dramas schrieb. Das drei Jahre später entstandene Drama ›Hernanie‹ war geradezu eine literarische Revolution, und im Vorwort definierte Hugo die Romantik als »Liberalismus in der Literatur«. Mit ›Der Glöckner von Notre-Dame‹ (1831) schuf Hugo einen der bedeutendsten historischen Romane der französischen Literatur. Nach der Errichtung der Zweiten Kaiserreiches mußte Hugo 1851 ins Ausland fliehen und lebte zunächst auf Jersey, dann auf Guernsey, wo unter anderem der Roman ›Les Misérables‹ entstand. Nach seiner Rückkehr nach Paris 1870 wurde Hugo zu einer legendären Gestalt und sein Tod zu einem Trauertag der Nation. Hugo wurde im Pantheon beigesetzt.

»In dieser Öde, Sens genannt«

Das Gesäusel der Erzieher hat abgedankt;
unter Schmerzen legt der Körper seine Unschuld ab.
Arthur Rimbaud

Im Februar des Jahres 1861 erscheint, mit 32 neuen Gedichten, die zweite Ausgabe der ›Blumen des Bösen‹ von Charles Baudelaire. Das einleitende Gedicht »An den Leser« stellt die Gespaltenheit – »Zwei Seelen wohnen, ach, in meiner Brust« – als Schicksal des Menschen dar, der in seiner Seele gleichzeitig Gott und Satan birgt. Baudelaire selbst zeigt sich fasziniert von der satanischen Seite seines Wesens, während die göttliche zum bloßen Gewissensbiß verkümmert ist. Am Ende des Gedichts wird das Schlüsselwort der »Blumen« im *ennui* (Langeweile, Überdruß) personifiziert, jene Weltgestimmtheit, zu der der moderne Mensch verdammt sei, einen Ausweg suchend aus der Künstlichkeit des Lebens in der Großstadt, durch Drogen, Rausch, sexuelle Ausschweifungen und blasphemische Rebellion. Erst in der Vermählung von Eros und Tod scheint ein tragisch-heroischer Lebenssinn sichtbar zu werden.

Die Lektüre dieser die Wirklichkeit sezierenden Verse wühlt den angehenden Dichter auf. Das ist ein ganz neuer, anderer Ton, etwas anderes als das schicke Revoluzzertum und Bramarbasieren des Jungen Frankreich oder das kalte Wortgeschmeide der Parnassiens. Und noch etwas ist neu: ›Die Blumen des Bösen‹ binden keinen Blumenstrauß mehr zu irgendeinem lyrischen Thema, sie sind von Anfang bis Ende ein gedanklich und formal durchkomponiertes Ganzes. Nach der Lektüre der Prosawerke von Poe, die sein neuer Held übersetzt hat und deren Todessehnsucht an seine eigene tiefe Wunde rührte, glaubt Mallarmé zu erkennen, in wel-

Baudelaires Gedichtband ›**Die Blumen des Bösen**‹ bildet den Grundstein der modernen Poesie und begründet eine lange Tradition des Dichters als Anti-Helden, des Welt-, Gesellschafts- und Zivilisationsekels und der daraus resultierenden Langeweile, dem *ennui*, die zum Schlüsselwort für das moderne Weltgefühl wird. Die Wirkung der ›Blumen des Bösen‹ war enorm und beeinflußte Rilkes ›Malte Laurids Brigge‹ ebenso wie Sartres ›Ekel‹ oder Camus' ›Der Fremde‹. Die moderne existenzialistische Literatur ist ohne dieses Werk kaum denkbar.

che Richtung er als Dichter zu gehen hat.

Wie ein Musengeschenk erscheint dem mitteilungs- und erfahrungshungrigen jungen Mann der erste Freund in Gestalt eines neuen Lehrers am Gymnasium von Sens, Emmanuel Des Essarts, Sohn eines Schriftstellers und selbst frischgebackener Dichter. Der neue Lehrer wird schon bald auf Mallarmé aufmerksam, und zwischen dem Abiturienten und dem Lehrer, der nur drei Jahre älter ist, beginnt eine Freundschaft, die zehn Jahre lang relativ lebendig bleiben wird.

8 Charles Baudelaire. Gemälde von Emile Deroy, 1844

Der neue Freund, der durch seinen Vater mit den literarischen Größen der Zeit auch persönlich bekannt ist, bestärkt Mallarmé in seiner Absicht zu schreiben und ermutigt ihn, darin eine Berufung und keinen Beruf zu sehen. Aber die Freunde sind sehr verschieden: Emmanuel liebt das mondäne Leben, den Salon, den Umgang mit den Berühmtheiten, er feiert die Fruchtbarkeit, die Vielfalt und selbst die Zerstreuung. Mallarmé bevorzugt die Seltenheit, die Tiefe, die Entdeckung. Des Essarts feiert Hugo, Gautier, Laprade, und Mallarmé antwortet mit Shakespeare, Poe, Baudelaire. Auf seine Angst, die Familie könnte seine dichterischen Pläne durchkreuzen, kann der Freund nur mit läppischen Versen antworten, da er solche Probleme nicht kennt und auch nicht wahrhaben will. Man darf vermuten, daß der Ältere den Jüngeren ins galante Leben einführt, auch wenn dieser schreibt: »Ich führe hier ein ziemlich komi-

Charles Baudelaire (1821–1867) war neben Hugo der wichtigste Vertreter und gleichzeitig der Überwinder der französischen Romantik. Er definierte Dichtung und Dichter als radikale Anti-Haltung gegenüber einer stupiden und korrupten Gesellschaft. Diese Anti-Haltung äußerte sich bei ihm in der Form eines aggressiven Dandytums. Mit seiner Forderung, daß der Dichter nur für sich selbst verantwortlich sei und als Dichter-Seher seinem inneren Dämon zu folgen habe, ferner mit seinen Übersetzungen und Deutungen Edgar Allan Poes wirkte er stark auf die Symbolisten ein.

9 Stéphane Mallarmé. Foto, 1862

sches Leben; man sieht in mir einen verlorenen Sohn und ehrt mich, als hätte ich drei Mätressen, aber ich habe nie auch nur einen Pfennig in der Tasche und schlafe nicht einmal mit dem Dienstmädchen. Ich bin ein Bohémien mit Goldlack.«

Auf die Gedichte im Stil Hugos folgt nun die Baudelaire-Phase, die sich vor allem in Werken wie ›Makabre Galanterie‹ und ›Der verlorene Sohn‹ zeigt. Auch diese beiden Gedichte wird Mallarmé selbst nie publizieren und später zu seinen »Kindheitswerken« rechnen. Die ersten Veröffentlichungen erscheinen von Januar bis März 1862: eine überschwengliche und in alle Himmel rühmende Besprechung der ›Poésies parisiennes‹ seines neuen Freundes Des Essarts und das Gedicht »Placet« im ›Papillon‹ von Sens sowie die Erstfassung der Gedichte »Das Pech« und »Der Glöckner« im ›Artiste‹, wo auch Gautier und Banville publizieren, die Mallarmé bewundert. Im ›Sénonais‹ verteidigt er in einem Artikel seinen Freund Emmanuel gegen den Vorwurf, seine Gedichte seien bloße Nachahmungen der ›Odes Funambulesques‹ von Banville. In diesem Artikel gelingt ihm eine Wortneuschöpfung, die auf seine spätere poetische Konzeption verweist: Die Gedichte seines Freundes würden »die Wirklichkeit lyrisieren«. Gleichzeitig tritt uns in seiner Besprechung im ›Papillon‹, die auch eine

Wie er [Des Essarts] mich einen verfaulten Balken überqueren sah, der die beiden schlammigen Ufer eines Sumpfes verband, wollte er es mir nachmachen, mir, dem Unnachahmlichen. Und purzelte mit dem Kopf voran in drei Fuß tiefen Dreck, verschwand einen Augenblick und tauchte wieder auf, rieselnd von Mergel und Kröten. Ohren, Nase, Haare, alles voll Schlamm. Wir haben ihn nackt ausgezogen: in einen Schober gesteckt, damit er es warm hatte, während ich Kleider holen ging. Abends, um kein Fieber zu kriegen, hat er sich besoffen wie 3 Falstaffs und ist heimgewankt, die Hauswände anrempelnd und die Laternen beschimpfend, gefolgt von einem Schwarm läufiger Katzen, die sich schon auf einen Kotzschwall freuten.
Correspondance, 1862

versteckte Hommage an die blonde Leiterin der Zeitschrift ist, das Frauenideal des Dichterlehrlings entgegen: »Die ideale Frau ... ist nicht brünett. Eva war blond. Blond ist das Gold, das Licht, der Reichtum, der Traum, der Nimbus.« Es finden sich auch Ansätze zu einer schon recht reifen Kunstkritik: Man muß vom Dichter zum Gedicht gehen und das, was er gemacht hat, durch das beurteilen, was er machen wollte. Diese Art der Kunstkritik kann hart sein gegen einen zu niedrigen Anspruch und nachsichtig gegen den gescheiterten Versuch, ein hohes Ideal zu erreichen.

Obwohl er sich im süßen Wahn wiegt, mit der Veröffentlichung in sehr vergänglichen Zeitschriften seinen Gedichten eine Art Unsterblichkeit gesichert zu haben, ist er mit ihnen schon bald unzufrieden und fängt an zu streichen, zu verbessern; sein ganzes Leben lang wird er sich mit diesen skrupulösen Retuschen herumquälen. Mallarmé wird mit seinen Texten nie fertig und zufrieden sein. Mit dem von Baudelaire inspirierten Gedicht ›Das Pech‹ reiht er sich selbst in die Reihe der Verlierer und Chancenlosen ein, wie es Baudelaire mit Poe getan hatte, als er sagte, auf Poes Stirn sei »Keine Chance« eintätowiert. Der Gedichttitel selbst ist ein Wort von Baudelaire. Aber schon bald wird Mallarmé sich von seinen Vorbildern, selbst von Baudelaire, abwenden. Nur ein Meister bleibt: Poe, der »die Schönheit als die Domäne der Poesie« betrachtet. Mallarmé plant eine Übersetzung von Poes Gedichten, denn Baudelaire hatte nur die Erzählungen übertragen.

Im April begegnet Mallarmé einem neuen und für ihn sehr wichtigen Freund: Eugène Lefébure, vier Jahre älter als er, Postangestellter, dann Leiter eines Postamts, aber auch ein wohlha-

10 Théodore de Banville (1823–1891, Foto, um 1875) war einer der wichtigsten Vertreter der nachromantischen Parnasse-Dichtung, die sich mit ihrem Ideal der *impassibilité* vor allem gegen die Gefühlsduseleien der Romantik wandte und eine von den Gefühlen distanzierte und ironische Weltbetrachtung forderte. Banvilles brillante Reimkunst wurde in seinen späteren Jahren zu leerem Wortgeklingel und erstarrte in der Manier.

bender Grundbesitzer, der es sich leisten kann, elegante poetische Essays zu schreiben; später wird er ein beschlagener Ägyptologe. Es beginnt eine zehn Jahre dauernde, bedeutende Korrespondenz. Den dritten wichtigen Freund lernt er über Emmanuel kennen, Henri Cazalis, zwei Jahre älter als er. Es ist eine Art Freundschaft auf den ersten Blick. Cazalis ist Mediziner und Orientalist. Als Lyriker schreibt er unter dem Namen Jean Lahor Ideendichtung des Parnasse; vom Buddhismus empfing er Impulse für seinen gelassenen, später bitteren Pessimismus und sein stoisches Ethos. Jeder dieser drei hat eine andere Bedeutung für Mallarmé: Des Essarts ist der anspornende, ermutigende, belebende Freund, Lefébure der mitdenkende, nachvollziehende und ihn geistig beeinflussende, Cazalis der gefühlsbetonte, sensible Kamerad, der Seelenfreund. Im ersten Brief an ihn – er ist ihm noch nicht persönlich begegnet – beschreibt sich der zwanzigjährige Mallarmé: »Was werden Sie ernüchtert sein, wenn Sie mich übellauniges Individuum zu Gesicht bekommen, das tagelang ohne zu denken den Kopf am Marmor des Kamins, verbringt: ein lächerlicher Hamlet, der sich nicht erklären kann, woher seine Schlaffheit kommt.«

Man plaudert viel über die Liebe in diesem Alter. Die Freunde erzählen sich ihre Eroberungen und Fehlschläge. Auf die Mitteilung einer Liebesgeschichte des Freundes Cazalis antwortet der in *erotici* gänzlich unbedarfte Mallarmé ein wenig lehrerhaft: »Ich sage dir, ich glaube nur an eine ernsthafte und wahre Liebe, wenn sie von der Zeit gefestigt wurde, die ziemlich viel Gebälk auf das Haupt ihrer Karyatiden häuft.« – Wie die Poesie muß auch die Liebe imstande sein, sich gegen das »Gebälk« der Wirklichkeit zu behaupten. Aber der Verordner der ernsthaften und wahren Liebe wird schon bald ihr schluchzendes Opfer.

Im Mai unternimmt er mit den Freunden Cazalis, Des Essarts, dem Maler Henri Regnault und einigen Mädchen aus Sens einen Ausflug in den Wald von Fontainebleau. Dort erklimmen sie Felsen,

Ah! Vagabundieren von Fels zu Fels! Wagen, in die man sich zu zehnt quetschte! Eichen! Vergißmeinnicht! Sonne in den Augen, im Herzen, auch wenn keine am Himmel war! und Gassenhauer mit 32 weißen Zähnen! ... Du sagst, ich habe den Damen gefallen, das finde ich reizend. Mlle Nina hat mich um Verse gebeten.«

›Am Stelldichein der Mädchen‹, 1862

pflücken Blumen und machen sich schöne Augen. Anschließend schreibt Mallarmé zusammen mit Des Essarts die gereimte Chronik dieses Ausflugs, ›Am Stelldichein der Mädchen‹, die sogar in einem Senser Käseblatt abgedruckt wird. Der harmlos neckische Ton jener Zeit wirkt heute rührend.

An Cazalis schickt Mallarmé das noch von Baudelaires Spleen-Gedichten beeinflußte Poem ›Lenz‹, das er selbst »traurig und häßlich« nennt, und erwähnt – wohl zum ersten Mal – eine »seltsame Sterilität«, die ihm zu schaffen macht. Das Sonett soll diese Sterilität »beschreiben, das heißt verfluchen«; auch das Wort Ohnmacht (oder Impotenz) taucht auf. »Diese Poesie ist etwas ziemlich Neuartiges, wo die materiellen Wirkungen, Blut, Nerven, analysiert und verbunden werden mit den moralischen Wirkungen des Geistes, der Seele. Wenn die Verbindung harmonisch und das Werk weder zu physisch noch zu spirituell ist, kann daraus etwas werden.« Er schreibt auch, daß er für die Ausarbeitung seiner Gedichte viel Zeit braucht, alles muß harmonisch und »eine Annäherung an das Schöne« sein. »Das Ineinander von Sinnlichkeit und Intellekt; die Ohnmacht des Künstlers, der nach Perfektion strebt und sich begierig auf die Schwierigkeit stürzt, wird selbst zum poetischen Thema; die Psycho-Physiologie führt durch das Ineinander von Körper, Seele und Geist zu neuen ›Korrespondenzen‹.« In diesem Satz schlummert der Same jener Poesie, die man später symbolistisch nennen wird.

Er brennt … darauf, zu schreiben, aber worüber? Manchmal lauscht er auf einen unbekannten Gesang: es ist ein Vers, der entstehen will; er unterscheidet ihn noch nicht ganz klar; jetzt beeilt er sich, ihn niederzuschreiben: es ist eine Reminiszenz von Banville oder Gautier. Wieder einmal hat er sich durch die Trugbilder der Zukunft täuschen lassen …Er liest seine Gedichte wieder und wirft sie entmutigt weg: nichts gehört ihm. Diese »Goldlawinen des alten Azur« schuldet er Victor Hugo, ebenso wie die »kaum geschlossenen Hände« in ›Apparition‹, Gautier schuldet er das Vokabular und den Rhythmus von ›Guignon‹, Baudelaire sogar das Wort *guignon* und das Sujet des Gedichts, die Themen des Haares, des Azurs, der Augen, der Weiße, des Unendlichen, des Nichts usw. usw.; Banville schuldet er später die Fabel von ›L'après-midi d'un faune‹, ja, dem Parnasse ein gewisses Flitterwerk, das die ›Hérodiade‹ verschandelt. Wir kennen jetzt den Namen seines Leidens: Impotenz. Eine pathologische Störung? Ein Imaginationsmangel? Ein zu hoher Anspruch? Der Kranke selbst weiß nichts davon; er zögert und tauft die Impotenz bald »moderne Muse«, bald will er nur die schauerliche Folge eines Jugendpriapismus darin sehen … Die Wahrheit ist, daß er nichts zu sagen hat, da er ja im voraus auf alles sein Verbot geworfen hat …

Doch woher kommen diese künstlerische Sterilität und Impotenz bei einem gerade Zwanzigjährigen, der sich anschickt, ein Dichter zu werden? Vom zu hohen Anspruch an sich selbst, oder hat er, wie Sartre spekuliert, einfach nichts zu sagen?

Mallarmé möchte in den Schwarzwald reisen – für ihn ein Symbol der deutschen Romantik –, doch er hat kein Geld und beklagt die »knickrige und erstickende Atmosphäre« seines Zuhauses und den Geiz der Stiefmutter. Cazalis fordert neue Gedichte. Mallarmé antwortet: »Laß mir Zeit … Ich will nichts aus der Eingebung heraus machen: Lyrische Turbulenz wäre unwürdig dieser keuschen Erscheinung, die Du liebst. Man muß lange denken und sinnen: Die Kunst allein, lauter und makellos, ist keusch und muß religiös skulpturiert werden.« Doch schon bald wird er versuchen, dieser keuschen Kunst eine Gestalt zu geben.

Ende Juni 1862 erwähnt Mallarmé in einem Brief an seinen Freund Cazalis zum erstenmal, er habe sich in eine junge Deutsche, Marie Gerhard, verliebt. Marie hat es in ein fremdes Land verschlagen, wie es ihn in eine fremde Welt verschlagen hat, sie ist traurig und langweilt sich genau wie er – Voraussetzungen für den jungen Dichter, mit dieser Frau anzubändeln und daraus »vielleicht ein Glück zu machen«. Außerdem ist sie blond, wie Eva und Venus, seine Frauenideale. Daß sie allerdings sieben Jahre älter als er und nur ein paar Jahre jünger ist als seine Stiefmutter, erwähnt er nicht. Marie kommt aus Camberg bei Offenburg, ihr Vater ist Volksschullehrer. Eine ziemlich öde Geschichte bahnt sich nun an. Die beiden jungen Leute beginnen, sich Briefe zu schreiben. Nur die Briefe Mallarmés sind erhalten. In ihnen steht der übliche romantische Schwulst, es wird geschwärmt und geträumt, fast schon im Minneton um Erhörung gefleht, aber es fehlt auch nicht an Ironie und Selbstironie. Dem Freund gesteht er, daß er Wasser auf seine Briefe an sie sprenkelt und vorgibt, das seien seine Tränen. Schon hier zeigt sich im Wesen des jungen Dichters eine Neigung, die

Du weißt, wie linkisch ich bin, und so habe ich mich selbst in der Falle gefangen, die ich im Buschwerk des Zärtlichen aufgestellt hatte. Folgendes: Ich war auf ein ziemlich hübsches, distinguiertes, trauriges Mädchen aufmerksam geworden. Sie ist Deutsche und Gouvernante bei einer hiesigen reichen Familie … Sie zog mich an, ich weiß nicht wie, und ich habe angefangen, ihr eifrig den Hof zu machen. Ablehnung, Ausflüchte, Zurückschrekken von ihrer Seite; Hartnäckigkeit von meiner. Seit einigen Tagen ist sie endlich zugänglicher geworden, und ich bin in ihr Leben getreten. Wie alle

ihm neue Wahrnehmungsbereiche erschließen, ihn aber auch härtester Kritik aussetzen wird: Mallarmé simuliert die Liebe, und nicht nur die Liebe.

Trotz aller Verliebtheit arbeitet er an einem schriftstellerischen Manifest, in dem er davon träumt, der Poesie, die für ihn die höchste Kunst ist, eine geheimnisvolle, aristokratische Sprache zu geben, deren bloßer Anblick die unwürdigen Banausen abschrecken soll. Nur Auserwählte, nur Leser, die das Herz eines Dichters haben, sollen die Hieroglyphen dieser Poesie entziffern können. Die blöde Masse soll Zeitung lesen und ihre Hände von der Kunst lassen. Von dieser elitären Kunstauffassung wird er sein Leben lang nicht abweichen. Später wird er jemandem, der seine Texte als unverständlich kritisiert, antworten: »Sie wollten eigentlich die Zeitung lesen und haben aus Versehen ein Buch aufgeschlagen.« Der Essay »Kunstketzereien. Die Kunst für alle«, der in der Zeitschrift ›L'Artiste‹ erscheint, ist im übrigen nicht sonderlich ketzerisch, da er kaum mehr ist als ein Gebräu aus Forderungen von Poe, Gautier und Baudelaire. Der Ton ist allerdings etwas zu feierlich, der Text klingt wie die erste Epistel eines jungen, übereifrigen Predigers. Vielleicht hat er ihn deshalb nicht in seine Prosawerke aufgenommen. Immerhin gibt der literarische Debütant zu erkennen, daß er sich dem Lager der Neuerer, Rebellen und Umstürzler zugehörig fühlt. Gleichzeitig träumt er von Reisen und Flucht mit Marie.

Der Zwanzigjährige hat noch nichts von der Welt gesehen und erstickt im familiären und kleinstädtischen Mief. An den Freund, der ihn um neue Gedichte bittet, schreibt er: »Das einzige Gedicht, das ich seit Tagen lese, ist das Kursbuch.« Das junge Paar fährt in den Wald von Fontainebleau, experimentiert mit dem Zusammensein. Marie erzählt ihm die deutsche Sage vom Vergißmeinnicht. 80 Jahre später findet man die beiden in einem Umschlag verwahr-

Gouvernanten und Erzieherinnen, die stets deklassiert sind, hat sie einen melancholischen Charme, der so sehr auf mich wirkte, daß ich nun ein wenig verliebt bin. Als ich das sah, versuchte ich dagegen anzukämpfen, denn ich ahnte tausend Verdrießlichkeiten voraus: Ich könnte ihre Stellung zerstören, die ganz von ihrem guten Benehmen abhängt, das Nachspionieren in den Kleinstädten, die vergeudete Zeit … Sie ist traurig hier und langweilt sich. Ich bin traurig und langweile mich. Aus unserer doppelten Melancholie könnten wir vielleicht ein Glück machen … Kann sein, daß ich da eine Dummheit mache. Aber nein. Ich werde weniger allein sein in den Ferien.

An Henri Cazalis, Juni 1862

ten Blumen, die sie sich gegenseitig an Stelle von Verlobungsringen geschenkt haben.

In der Kleinstadt Sens werden die Verliebten belauert und verspottet. Zum Glück ahnt Mallarmés Familie nichts von seinem amourösen Treiben; in ihre Pläne paßt eine deutsche Gouvernante, so gut wie mittellos und ohnehin zu alt für den Jungen, schwerlich hinein. Aber der junge Mann besitzt eine »unbeugsame Sanftheit« (Anatole France) und gestattet es niemandem, diese Liebe verächtlich zu machen. Auch er hat seine Pläne, und er wird sie durchsetzen: Er will mit Marie zusammenleben, Englisch lernen, unabhängig und, wenn es sein muß, auch arm sein: »Ich hatte Englisch nur gelernt, um Poe besser lesen zu können, und so bin ich mit zwanzig Jahren nach England gegangen, zuerst um zu fliehen, aber auch um die Sprache sprechen zu lernen und sie zu lehren in einem stillen Winkel und ohne zu einem anderen Broterwerb verpflichtet zu sein … Ich hatte geheiratet, und es eilte«, schreibt er später in seinem autobiographischen Brief an Verlaine.

Anfang November fährt er mit Marie Gerhard nach London, um Englischunterricht zu nehmen und gleichzeitig Französischstunden zu geben. Eine Woche später, in bitterarmen Umständen, schreibt er an Cazalis: »Ich bin noch keine Woche in England, und schon stand ich vor Gericht – als Kläger. Man hat mich bestohlen. Die englische Justiz hat dem Dieb recht gegeben, unter dem Vorwand, daß er mich übers Ohr gehauen und nicht bestohlen hätte. Gaunerei ist hier erlaubt, und man hat mich weggeschickt und gesagt, daß ich blöd war, mich so übers Ohr hauen zu lassen. Ich habe einiges gelernt für meine vierzig Francs … Ich lese und schreibe, sie stickt und strickt.« In seiner Familie ahnt natürlich niemand, daß eine Frau bei ihm ist.

Den beiden Liebenden, denn so darf man sie jetzt nennen, fehlt die Leichtfertigkeit und Beschwingtheit, um aus ihrer gemeinsamen »Melancholie ein Glück zu machen«, sie schwanken zwischen jun-

Auf eines bin ich stolz, sehr stolz: daß meine Kinder, wenn Gott mir welche gibt, kein Krämerblut in ihren Adern haben werden … Bevor man eine reiche Frau heiratet, muß man sich fragen: Wurde dieses Geld damit verdient, daß man Bücher machte, Unterricht gab, mit einer Feder in der Hand arbeitete? Im Licht des Tages? Daß keine Münzen in einem Comptoir geklingelt haben? … In meinen Haaren eine Hand spüren, die Hörnchen

11 London. Gemälde von T. Harradine, 1868

ger Leidenschaft und recht ältlichen Ängsten. Er wirft sich vor, Marie entehrt und ihre Zukunft verbaut zu haben, sie quält sich damit, ihm ein Klotz am Bein zu sein, ihn in seiner Karriere zu behindern und von seiner Familie zu entfremden. Anfang Januar 1863 fahren beide in elender Verfassung zurück nach Boulogne: »Durch einen trüben Sprühregen habe ich sie zum Bahnhof gebracht, und als die Tür aufging, ist sie halb tot aus meinen Armen geglitten … Kein noch so kaltes Eisen, das mir ins Herz gedrungen wäre, hätte mich so verwunden können. Oh! Ich fühlte nun zum ersten Mal, vor diesem Riesenschatten des Himmels und diesem Tintenmeer, ich armes, verlassenes Kind, was mein Leben und mein Ideal und wie weitreichend dieses Wort ›allein‹ war.«

Mallarmé kehrt nach London zu seinem Englischunterricht zurück. Im Wald von Fontainebleau hatte er Marie die Heirat ver-

gerollt hat, das Unendliche aus einem Auge trinken, das zehn Jahre lang auf den Moment gelauert hat, wo der Käufer sich umdrehte, um eine Messerspitze Puderzucker abzuknapsen. Puah … Ich habe eine Devise: nichts Schäbiges, und jeder Handel ist schäbig. Man stiehlt im Großen, das ist alles. Diese Leute sind notwendig? Ja, wie die Lakaien. Ich gäbe meinem Lakaien meine Stiefel, aber nicht die Hand meiner Tochter.

An Henri Cazalis, um 1862

sprochen, und er ist nun entschlossen, dieses Versprechen zu halten. Marie geht nach Paris zu Cazalis, um sich mit ihm zu beraten. Denn die beiden jungen Leute machen sich gegenseitig das Leben schwer mit ihren Skrupeln und Schuldgefühlen. Er möchte eine Ehe, die schon mehr auf einem gegebenen Versprechen als auf Liebe beruht, sie empfindet diese Liaison offenbar als eine Zumutung für den Bürgersohn, der eine Laufbahn vor sich hat. Marie fährt wieder nach London, dann nach Brüssel zu ihrer Schwester, die dort ebenfalls als Gouvernante arbeitet. Wieso kann sie plötzlich so viel herumreisen? Hat sie Urlaub genommen oder gar ihre Stellung als Gouvernante in Sens gekündigt? Man erfährt es nirgends in der Literatur zu Mallarmé, die sich nicht nur über die deutsche, sondern auch über die französische Familie des Dichters ausschweigt. Aber auch er wird die Familie seiner Frau nie besuchen, und ihre Schwester, die wenig später das junge Paar besucht, wird er nicht mögen. Schon der junge Mallarmé zeigt eine ausgesprochene Vorliebe für die Kleinfamilie, »das verschwiegene Nest«; Anhang, Sippschaft ist dagegen nicht nach seinem Geschmack. Die Großmutter bilanziert die Entäuschung der Familie: »Der arme Junge ist für uns die Kehrseite der Medaille und die traurige Seite unseres gegenwärtigen Lebens … Bis jetzt hat er noch wenig Einnahmequellen gefunden, um seine zahlreichen Ausgaben decken zu können; und er ist nicht vernünftig genug, um sich bei Personen vorzustellen, für die wir ihm Empfehlungsschreiben gaben, aus schuldhafter Faulheit oder Menschenscheu, denn sie berauben ihn der Unterstützung, die er bei ihnen hätte finden können, um Schüler zu bekommen. Das alles ist sehr traurig und läßt uns für die Zukunft Schlimmes befürchten.«

Im März kehrt Mallarmé über Paris nach Sens zurück. Da er nun volljährig ist, erhält er eine Erbschaft von 20 000 Francs, kein Pappenstiel. Im April stirbt der Vater, gerade 58 Jahre alt. Nur zwei Wochen später fährt der Sohn, nun de facto das Familienoberhaupt, mit Marie nach London. Zuvor muß Mallarmé sich mit seiner Stiefmutter

Die Liebe ist zu oft das Thema Ihrer Gedichte, und dieses sehr farblose Wort taucht so oft auf, daß es ein wenig schal wird. Wenn es nicht durch ein fremdes Gewürz gedopt wird, durch Geilheit, Ekstase, Krankheit, Askese, scheint mir dieses gestaltlose Gefühl nicht poetisch. Ich könnte dieses Wort im Gedicht nicht ohne zu lächeln aussprechen. Ist es vielleicht

ausgesprochen haben, denn sie weiß jetzt Bescheid über die Heiratspläne ihres Stiefsohns. Sie will auf die ihr selbst wenig wohlgesonnene Großmutter Desmolins in seinem Sinne einwirken, Mallarmé ist erleichtert und dankbar. Aber nun macht der Freund Des Essarts Einwände gegen die Heirat: Marie sei nicht schön und nicht auf der gleichen moralischen und geistigen Höhe. Sie sei »rechtschaffen, rein, loyal, edel und hingebungsvoll«, verteidigt sie Mallarmé, und das sei selten »in diesem Jahrhundert der vierzehnjährigen Lolitas und aus Goldmünzen gemachten Armbänder.« Er will Marie durch seine Liebe und sein Vorbild läutern: »Nach zwei Jahren Zusammensein mit mir wird Marie mein Spiegelbild sein.«

Die Liebesturbulenzen sind überstanden, das Schiff steuert in ruhigerer See den Hafen an. Die ganz große Leidenschaft war es offenbar nicht, aber: »Im übrigen, gibt es auf dieser Erde das Glück? Und soll man es ernsthaft woanders suchen als im Traum? Das ist das falsche Lebensziel; das Wahre ist die Pflicht. Die Pflicht, die Kunst heißt, Kampf, oder wie immer man will.«

Im Juni 1863 schickt er Cazalis das in der Idee von Gautier, im Vokabular von Baudelaire beeinflußte Gedicht ›Die Fenster‹, das seine Lage spiegelt. Das Leben erscheint ihm darin als ein »tristes Krankenhaus«, in dem ein Sterbender, »voll Abscheu vor dem hartherzigen Menschen, der im Glück sich suhlt«, durch das Fenster die Fata Morgana einer anderen Welt sieht, »wo die Schönheit blüht«. Ein anderes findet keine Gnade vor dem Freund: »›Assault‹ ist … fast abscheulich; dein Kommentar hat es mir nicht erklären können; wirf es weg oder mach es neu; aber hüte dich vor blauem Dunst.«

Die Vorbereitung auf sein Englischexamen kostet ihn viel Mühe, und Ende Juli bekommt er hohes Fieber und Gelbsucht. Er fürchtet bereits eine »Auslaugung des Bluts.« Zu arm, einen Arzt zu konsultieren, wird seine Klage militant: »Wieso lassen sich die Ärzte bezahlen, sind sie nicht Beamte des Gemeinwesens, denen es verboten sein müßte, eine Bezahlung anzunehmen? Im übrigen, müßte eine

zu abgedroschen? Nein, ich glaube eher dies: Die schlichte Liebe ist zu sehr ein Naturgefühl, um den blasierten Poeten, die Gedichte lesen, zu imponieren; das ist so, als wollten Sie dem schnapsroten, durch ein Streichholz in Brand zu setzenden Gaumen alter Säufer Geschmack auf tiefes, frisches Quellwasser machen.

An Eugène Lefébure, 1865

wohleingerichtete Nation nicht genauso mit den Kaufleuten verfahren, denen die Regierung soviel gäbe, daß man das ganze Jahr über ihre Geschäfte plündern kann, ohne einen Pfennig zu bezahlen? Das wäre eine echte Reform – Fortschritt. Und solange man nicht soweit ist, hat man keinen Schritt nach vorn getan. Du weißt, alle meine politischen Träume haben sich nach und nach in Luft aufgelöst, und wenn ich eine rote Fahne hisse, so nur, weil ich die Gauner hasse und die Macht verachte. Henri, du wirst sehen, es gibt nichts Wahres, Unwandelbares, Großes und Heiliges außer der Kunst. Diese ganzen sinnlosen politischen Dispute sind vergänglich, denn sie haben nichts Absolutes in sich.« Das ist eine der seltenen Stellen, wo Mallarmé sich zu politischen Themen äußert.

Aber nicht nur aus äußeren Gründen schwingt Mallarmé in dieser Zeit rebellische Reden. In den Auseinandersetzungen mit Marie und seiner Familie hat er noch etwas anderes über sich herausgefunden, und es gefällt ihm nicht, was er gefunden hat. Er hat in sich die nüchternen Tugenden und kleinlichen Skrupel des Kleinbürgers entdeckt, die man ihm für immer eingepflanzt hat. Wenn er sich in sich selbst und seinen Traum vertiefen will, findet er sich unversehens in einer armseligen Stube mit einer schwangeren Frau. Das kommt ihm bekannt vor, nur die Einrichtung ist noch etwas schäbig, und auch die Familienbilder fehlen noch. Aber das alles hat er sich selbst eingebrockt, und so heiratet er in Gottes Namen Marie Gerhard in der katholischen Kirche in Kensington. Als Beruf gibt er »Künstler« an, seine Braut »Erzieherin«.

Für den jungen Mallarmé, der die flüchtigen Dinge der Welt vielleicht nicht lieben, doch wahrnehmen kann, ist Marie ein »engelhafter Paradiesschatten, aber ihre sanfte Natur könnte aus ihr nicht meine Lady Macbeth machen«, sie ist eine »Erscheinung«, wie er sie in dem gleichnamigen Gedicht beschreibt. Keines seiner späteren Liebesgedichte wird je wieder diesen Ton einer wiedergefundenen Zeit haben.

Ich irrte umher, den Blick auf das alte Pflaster geheftet, als mit der Sonne in den Haaren, in der Straße und im Abend, du mir lachend erschienen bist, und ich glaubte die von Helligkeit umflossene Fee zu sehen, die einst, als Kind, über meinem schönen Schlaf schwebte und aus ihren locker geschlossenen Händen weiße Sträuße duftender Sterne endlos schneien ließ.

Aus ›Apparition‹ (Erscheinung), 1863

Kunstketzereien. Die Kunst für alle

Sagt es niemand, nur den Weisen, weil die Menge gleich verhöhnet.
Johann Wolfgang von Goethe

»Jeder Mensch ist ein Künstler« verkündete vor nicht langer Zeit Joseph Beuys. Sein »demokratischer« Kunstbegriff steht im radikalen Gegensatz zur Kunstauffassung Mallarmés, die er als völlig unbekannter Zwanzigjähriger fast schon als fertiges poetisches Programm in seinem Essay ›Kunstketzereien. Die Kunst für alle‹ formuliert. Auf den ersten Blick sieht es aus, als fordere auch der junge Mallarmé »die Kunst für alle«. Aber dieser erste und radikale Essay des angehenden Dichters ist nur eine Reaktion auf gesellschaftliche Verwerfungen, denn im sozialdemokratisch angehauchten Empire Napoleons III. hat, unterstützt vom Aufschwung der Wissenschaft, Wirtschaft, Industrie und Massenpresse, die Demokratisierung längst begonnen. Das Volk ist zur Masse mutiert und schickt sich an, alle Lebensbereiche neugierig und sensationslüstern auszuspähen. Das einst revolutionäre Bürgertum ist nach der Erringung der Macht zur raffgierigen Bourgeoisie herabgesunken, die entschlossen ist, alles ihrem Kosten-Nutzen-Kalkül zu unterwerfen. Dieser Vampir – es ist die Blütezeit der Vampirgeschichten – bedroht in Gestalt der Massenpresse und Tageszeitungen die von den Romantikern und auch von Mallarmé zum Privileg hochstilisierte Sphäre der Kunst und fordert »die Kunst für alle« als unterhaltsame Konsumware. Vor diesem gesellschaftlichen Hintergrund, im »historischen Hexenkessel« (Marx) der sechziger Jahre des vergangenen Jahrhunderts, entsteht Mallarmés Polemik. Sie erfolgt nicht aus einer Position der Stärke, sondern aus der Abwehr heraus: »Hier kämpft ein Autor auf verlorenem Posten um Resonanz bei einem bürgerlichen Publikum, das er bereits zu einem großen Teil an die Massenpresse und an die wohlfeile Feuilletonliteratur verloren hat. Ähnliche Polemiken gegen Journalismus und Massenpresse sowie Gesten der esoterischen Besonderung finden sich bei zahlreichen Zeitgenossen Mallarmés, wobei sich etwa beim späten Baudelaire, der zunehmend auf Honorare für seine Texte und auf die Gnade von Herausgebern angewiesen war, auch die existentielle Brisanz dieser Zwangslage des bürgerlichen Autors andeutet.« (Johannes Hauck)

Aber Mallarmé, der als Lehrer seine Kunst nicht zum freien Markt tragen muß und es im übrigen auch ablehnt, klingende Münze aus ihr zu schlagen, geht es weder um Resonanz beim bürgerlichen Publikum noch um die Verteidigung ererbter Besitzstände. Lassen wir ihn seine Hauptthesen vortragen:

»Alles Heilige und was heilig bleiben will, hüllt sich in Mysterium. Die Religionen verschanzen sich hinter Geheimnissen, die sich allein dem Auserwählten offenbaren: Die Kunst hat die ihren … Wie alles, was absolut schön ist, erzwingt die Dichtung sich Bewunderung; doch diese Bewunderung wird fern, vage – dumm sein, sie geht von der Masse aus. Aufgrund dieser allgemeinen Empfindung wird eine unerhört abgeschmackte Idee in den Köpfen keimen, nämlich, daß es unumgänglich sei, sie in den Schulen zu lehren, und unvermeidlich wird die Poesie, wie alles, was man mehreren in lehrender Absicht mitteilt, in den Rang einer Wissenschaft erniedrigt werden. Man wird sie allen in gleicher Weise erklären, gleichheitlich, denn es ist schwierig auszumachen, unter dem Wuschelhaar welchen Schülers der sibyllinische Stern bleicht ... Der Mensch kann Demokrat sein, der Künstler spaltet sich und muß Aristokrat bleiben ... Die Massen mögen die Moral lesen, aber bitte laßt sie nicht unsere Dichtkunst besudeln.«

Wie Baudelaire fordert Mallarmé vom Dichter nichts weniger als die schizophrene Spaltung in den Menschen, der Demokrat sein kann, und in den Künstler, der Aristokrat sein muß. Der Demokrat definiert sich durch seine Rechte, der Aristokrat durch seine Privilegien. Kunst und Gesellschaft sind sich nicht feind, nur fremd. In der Gesellschaft soll sich das Gute, in der Kunst das Schöne ereignen, doch man soll beides nicht vermischen: »Eine Zeitung ist ein viereckiger Ort, an dem sich Autor und Leser in monströser Weise paaren, um lauter Schwachsinnige zu zeugen«, wird Mallarmés Schüler Paul Valéry, weit ruppiger als sein Meister, später schreiben. Zeitungsartikel fordern ein zweckorientiertes Lesen, nützlich zur Aufnahme des Guten, natürlich auch des Schlechten, aber ein solches Lesen erleidet Schiffbruch, wenn es sich am poetischen Text versucht, der Respekt vor der Sprache, einen Sinn für ihre Eigenheiten, Geduld und Zeit beim Ausschöpfen und Kosten ihrer Schönheiten und die Versenkung in ihre Sinntiefen verlangt. Über die Zeit zu verfügen, ist ein aristokratisches Privileg.

Für Mallarmé ist die Erfahrung des Schönen wie die religiöse Erfahrung eine Grenzüberschreitung, die den Rahmen eines von der Waren- und Konsumgesellschaft geregelten Lebens sprengt. Der poetische Text fordert einen eigenen Raum jenseits von Ziel und Zweck, in dem Schönheit und Geheimnis walten. Aber dieses »Mysterium«, wenn es nicht von vornherein auf Unverständnis oder Ablehnung stößt, birgt Gefahren: Indem es in Bereiche führt, die dem Menschen ein ganz anderes Selbstverständnis und eine neue Selbstsicht zumuten, entfremden sie ihn von seiner Entfremdung und konfrontieren ihn gleichzeitig mit ihr. Die poetische Erfahrung öffnet einen von der Gesellschaft nicht oder noch nicht beschriebenen, potenziell asozialen Raum, der das von sozialen Normen unterjochte Subjekt irritiert, erregt und in seiner Funktionstüchtigkeit gefährdet. Der Bürger kennt nur die domestizierten Pflanzen in den Blumenbeeten oder Schrebergärten der Zeitungsartikel und reagiert verstört oder feindselig auf die »Blumen des Bösen.« Mit einiger Ironie könnte man sagen, daß Mallarmé, indem er der Menge die Kunst verbietet, diese auch vor ihren gefährlichen Giften und Abgründen bewahrt.

Unverständlich bleibt, warum Mallarmé den Kunstunterricht in den Schulen strikt ablehnt. Seine Begründung zeugt weniger von seiner Wissenschaftsfeindschaft als von seinem Zweifel an der Lernfähigkeit des Menschen. Hat er vergessen, daß er als Schüler seine schönsten Stunden eben diesem Kunstunterricht, mag er noch so unzulänglich gewesen sein, verdankte? Und wenn er die Kunst mit der Religion vergleicht, so scheint ihm zu entgehen, daß Adepten und Priester weder aus dem Boden wachsen noch vom Himmel fallen. In seiner Ablehnung des Kunstunterrichts fällt der junge Rebell wieder in die frühromantische Position des Geniekults zurück, der ebenso eine Chimäre ist wie die Berufung des Priesters durch Gott.

Mallarmés elitäre Kunstauffassung beruht nicht nur auf seinem hohen Ideal der Kunst selbst, sondern er fordert auch die existenzielle Teilnahme des Publikums, die fast einer religiösen Kommunion gleicht, so daß ihm angesichts der täglichen Medienplatitüden jede Forderung einer Kunst für die Massen als Entweihung einer ästhetischen *unio mystica* erscheint.

Exil in Tournon

Ich will hier niemanden kennenlernen.
Mallarmé über Tournon

Im September 1863 erhält Mallarmé seine Anerkennung als Englischlehrer, und er bewirbt sich sofort um einen Posten in Frankreich, den er auch bekommt: Im Dezember tritt er die auf ein Jahr befristete Stelle als Aushilfslehrer für Englisch am Gymnasium von Tournon im Département Ardèche, an. Mit ein paar Koffern voll Habseligkeiten reist das junge Paar in die kalte Gebirgskleinstadt und wohnt in den ersten Wochen im Hotel, dann in einer scheußlichen Mietwohnung, wo der eisige Wind durch die Fenster zieht. Mallarmé wird krank, beklagt sich über das widrige Klima: »Ich bin ganz steif vor Rheumatismus und so an meinen Sessel gefesselt. Ich zahle die Zeche für den gräßlichen Nordostwind in diesem ewig trostlosen Tournon. Es weht ein Wind, stark genug, um allen Ehemännern in einem Umkreis von vier Meilen die Hörner abzureißen. Die Füße tun mir weh, und ich kann nicht gehen: auch die Arme, und ich kann dir nicht mehr lange schreiben: der Rücken, daß ich mich kaum zu bücken wage: die Brust, daß ich Angst habe zu atmen. Vor dem Fenster hocken Raben, die mich gierig anstarren und warten.« Tournon ist ein Schock. Dreckige kleine Häuser, ein paar kotige Gassen, keine einzige Straße, die diesen Namen verdient, keine Möglichkeit, mit einem halbwegs intelligenten Menschen zu reden, nicht einmal eine Buchhandlung oder ein Antiquariat.

Es gibt Kleinstädte, in denen sich jahrhundertelange Langeweile und Verzweiflung zu einer gespenstischen Aura verdichten, wie Zeitlöcher, in die man fällt und aus denen man schwer wieder her-

Tournon ist ein kleines Kaff, finster, verdreckt, die Einwohner sind zur Hälfte Menschen, zur andern Hälfte Schweine.
Correspondance, 1863

ausfindet. Lebendig begraben zu sein, das Gruselthema so vieler Geschichten von Poe, in Tournon erfährt es sein Jünger am eigenen Leib: »Ich will hier niemanden kennenlernen.« Das einzig Tröstliche in dieser Stadt sind die melancholischen Glocken und die Rhône, die sie durchfließt. Aber ausgerechnet hier wird Mallarmé in ein einzigartiges geistiges Drama verwickelt werden, in dessen Verlauf er zum Nerv einer künftigen Poesie vorstoßen wird.

Auch die dreihundertjährige Geschichte des Gymnasiums, an dem er nun seine Lehrtätigkeit beginnt, interessiert ihn wenig. Sein Start als Lehrer ist alles andere als vielversprechend. Er findet weder einen Draht zu seinen Kollegen noch zu seinen Schülern, die ihm engstirnig, verbohrt und primitiv vorkommen. Und muß dieser zierliche und sensible junge Mann mit den langen Lockenhaaren den Bauernsöhnen nicht als Witzfigur erscheinen? In jedem Gymnasium gibt es solche Lehrer, die die Spottlust und den jugendlichen Sadismus der Schüler geradezu magisch anziehen. Meist unterrichten sie ein musisches Fach, eines, das, wie es heißt, für das Fortkommen im Leben nicht allzu wichtig ist. Aber der junge Mallarmé unterrichtet Englisch, ein wichtiges Fach, schon damals eine Weltsprache, also sollte man annehmen, daß seine Schüler, auch wenn sie bestenfalls Notare, Apotheker und Tierärzte werden, ein gewisse Motivation mitbringen. Doch wie ist es um Mallarmés Englisch bestellt? Er hatte es am Gymnasium gelernt, und er scheint ein guter Schüler in diesem Fach gewesen zu sein, danach ging er für ein Jahr nach London, wo er Unterricht nahm und eine Prüfung ablegte, die ihm die Beherrschung des Englischen bescheinigte. Doch es gibt da ein verräterisches Werk, von ihm selbst verfaßt: »Englische Aufsatzthemen«, die vor englischen Redewendungen und geflügelten Worten strotzen, die es gar nicht gibt. Und wie ist sein Unterricht? Es gibt zahlreiche Zeugnisse, und fast alle sind negativ. Der junge Mallarmé ist kein vom Pfingstgeist erfüllter Pädagoge, der diesen Geist mit Feuereifer in

Henri Cazalis (1840–1909), Mediziner und Orientalist, schrieb unter dem Namen Jean Lahor von der Parnasse-Schule beeinflußte, stark melancholische, später pessimistische Ideenlyrik. Zwischen 1860 und 1870 war er einer der wichtigsten Freunde und Ratgeber Mallarmés. Danach entfremdeten sich die Freunde, und Cazalis wurde ein in der High Society sehr erfolgreicher Modearzt, wo er unter anderem den jungen Marcel Proust kennenlernte. In seinen Memoiren erwähnt er den Jugendfreund Mallarmé mit keinem einzigen Wort.

die Schülerköpfe gießt. Er betrachtet seine Arbeit als notwendiges Übel, und das schlechte Gewissen, das aus diesem mangelnden Engagement, dieser Verachtung seiner Tätigkeit hervorgeht, versucht er, durch äußerliche Anpassung zu beruhigen.

Tournon ist eine Zeit der Briefe und Projekte. Von hier schreibt er die meisten und bedeutendsten Briefe. Nur das Gespräch mit den Freunden ist eine Oase der Tröstung und Anregung in seiner geistigen Wüste. Aber es ist auch eine Zeit ständiger Selbstbefragung. In den Briefen, die ein gutes Beispiel sind für die allmähliche Verfertigung der Gedanken nicht beim Reden, wie Kleist sagt, sondern beim Schreiben, nähert er sich Schritt für Schritt den Grundlagen seiner Kunst. In einem Elendsquartier, an seiner Seite eine schwangere Frau, die ihn zwar ermutigt, aber nicht versteht, hegt er, vom *spleen* gequält, die düsteren Gedanken eines Verbannten, der seine Berufung durch den stupiden Beruf bedroht sieht. Er fürchtet, nicht genug Kraft zu haben. Muß er auf die Schönheit verzichten und sich mit diesem nichtigen und nichtswürdigen Leben abfinden? All das schlägt sich in dem Gedicht ›Azur‹ nieder: Der Himmel, Symbol der Freiheit und Spiegel seines offenbar unerreichbaren

12 Christina Maria Mallarmé, geborene Gerhard (*1835), Fotografie 1862

Lieber Henri, Du beklagst Dich über unser Schweigen! Zunächst muß ich Dir sagen, daß ich schon seit langem an niemanden mehr geschrieben habe. Dann ist Dein Name oft – immer! – auf meinen Lippen, so daß ich es fast unnötig finde, mein debiles Hirn zu quälen, um ihm Banalitäten zu entreißen, die Du schon kennst. Weißt Du, die Provinz ist nur gut und bekömmlich für Leute mit überschwenglichem, aktivem und gesundem Temperament … Aber die passive, kranke, geschwächte, ohnmächtige Seele … stirbt in der Provinz, in einem elenden Kaff, wo es nicht einmal Zerstreuungen für den Körper gibt.

An Henri Cazalis, 1864

Ideals, erinnert den Dichter an seine Wirklichkeit, die drohende Zerrüttung, den Müßiggang ohne Traum, das Vergessen der Wörter und Rhythmen, den verhaßten Dienst, das Verstummen inmitten einer stumpfsinnigen Menschheit. Das Gedicht endet in einem verzweifelten Optimismus: Er wird nicht aufgeben und in das schlechte Leben einwilligen, denn er hat den anderen etwas voraus. Anders als dem mythischen Helden Antäus, der aus der Erde immer wieder neue Kraft zog, gibt ihm der Himmel die Kraft zum Weitermachen. Alles an diesem Gedicht des Zweiundzwanzigjährigen kündet von nahender Meisterschaft:

Azur

»… Tot ist der Himmel. – Ich komme, Staub! Gib
Vergessen von bitterem Ideal und Sünde
dem Büßer, der auf Stroh sich bettet
gleich dem glücklichen Menschenvieh,
Dort will ich, da nun mein Hirn, leer
wie der Farbtopf vor der kahlen Wand, die Kunst
verlor, die herzzerreißende Idee aufzuschminken,
trübe gähnen, bis ich ins Dunkel sinke …
Umsonst! Das Blau gewinnt, ich höre es singen
in den Glocken. So, Seele, wird es, Stimme,
und nimmt mir die Angst vor seinem bösen Sieg,
blauer Angelus aus lebendigem Metall!
Er rollt durch alten Nebel und durchbohrt
dein angeborenes Sterben mit sicherer Klinge;
Wohin noch fliehen, was soll das verkehrte Revoltieren?
Ich bin besessen! Blau! Blau! Blau! Blau!«

Im Januar 1864 schickt er eine Kurzfassung des Gedichts an Cazalis. Mallarmés Begleitbrief, worin er in einer brillanten Glosse seine Verachtung der Verzierungen, des Redeschwulsts, der zufällig

Ich schwöre Dir, es gibt in dem Gedicht kein einziges Wort, nach dem ich nicht stundenlang suchen mußte … Was ich suche, ist die produzierte Wirkung, ohne einen Mißklang, ohne einen selbst bewunderswerten Schnörkel, der ablenkt. – Nachdem ich mir die Verse vielleicht zweihundertmal selbst vorgelesen habe, bin ich sicher, daß es mir gelungen ist. Bleibt noch die andere Seite zu klären, die ästhetische. Ist es schön, gibt es einen Widerschein der Schönheit? Es wäre unbescheiden, davon zu reden, und das mußt Du selbst entscheiden … Henri, es ist so fern von

gefundenen Perlen, der leichten und billigen Effekte bekundet, skizziert eine Wirkungspoetik, die den Einfluß der von Poe in seinem ›Raben‹ vorgeführten *Philosophy of Composition* verrät: »Du siehst, für Leute wie Emmanuel und Dich, die in einem Gedicht noch etwas anderes als Wohlklang suchen, gibt es hier ein echtes Drama. Und das war schrecklich schwer, das dramatische Element, Feind der subjektiven und reinen Poesie mit der heiteren und gelassenen Ruhe harmonisch zu verbinden, wie sie die Schönheit braucht. Aber Du wirst mir sagen, das ist viel Getue um Verse, die es so wenig wert sind. Ich weiß. Doch es hat mir Spaß gemacht, Dir zu zeigen, wie ich ein Gedicht auffasse und entwerfe.«

Was er nicht von seinem in der recht brutalen Demokratie Amerikas lebenden Vorbild übernimmt, ist dessen Forderung, »verständlich« zu schreiben. Mallarmé sieht es als seine vordringliche Aufgabe an, Wirkung und Drama in einer »subjektiven und reinen Poesie« zu verschmelzen.

Das Gedicht macht Furore bei Freunden und Bekannten, aber es zieht auch den Vorwurf auf sich, sinndunkel zu sein, obwohl es aus heutiger Sicht leichtverständlich wirkt. »Lassen Sie mich eine kleine Kritik anbringen ... Mir geschieht es manchmal, daß ich den Lyrismus auf Kosten der Klarheit verliere, und Sie werden manchmal dunkel auf Kosten des Lyrismus. Die Form, die Idee, alles ist perfekt, außer einer vielleicht etwas zu weit getriebenen Satzverflechtung ... Nicht wegen mir klage ich das an ..., aber ich denke an das Publikum, auf dessen Niveau man zwar nicht herabsinken darf, dem man aber die Möglichkeit geben muß, sich zu uns zu erheben«, schreibt ihm der Dichter Armand Renaud. Auch Cazalis kritisiert seinen Stil: »Paß auf: Du hast die Gewohnheit angenommen, viel zu lange Perioden zu machen: Die vielen eingeschobenen Sätze verknäueln sich und bilden ein dunkles Dickicht, das so undurchdringlich ist, daß man nur mühsam vorankommt und schon bald um Gnade fleht.«

diesen Theorien der literarischen Komposition nach Art unseres glorreichen Emmanuel, der eine Handvoll Sterne aus der Milchstraße greift, sie auf das Papier streut und zusieht, wie sie sich nach dem Zufall in unvorhersehbaren Konstellationen formen! Und wie würde seine begeisterte, vor Inspiration trunkene Seele vor meiner Art des Arbeitens zurückschrekken! ... Jedenfalls, je weiter ich gehe, desto treuer bin ich den ernsten Ideen, die mir mein großer Meister Edgar Poe vermacht hat.

In einem Begleitbrief zu ›Azur‹ an Henri Cazalis, Januar 1864

Mallarmé bleibt ungerührt und kritisiert seinerseits den Freund: »Ich finde Deine Sätze zu kurz, und ihre Harmonie schnappt manchmal ein wenig nach Luft … Man muß immer den Anfang und das Ende von dem, was man schreibt, wegschneiden. Keine Einleitung, kein Ende. Du glaubst, ich spinne? Irgendwann werde ich Dir erklären, daß mein Wahnsinn woanders liegt.« Er will also kein schrittweises, logisch aufbauendes, sondern ein meditierendes Denken, das, wie Homer es in der ›Ilias‹ tut und Horaz in seiner ›Ars poetica‹ fordert, *in medias res* springt. Sein »Wahnsinn« liegt darin, wie sich zeigen wird, daß er es dem Leser überläßt, den von ihm weggelassenen Anfang und Schluß selbst hinzuzudichten.

Zum wichtigsten Freund wird ihm jetzt Eugène Lefébure. Sie haben viele Gedanken, Vorlieben und Abneigungen gemeinsam, ein ähnliches Gefühl der Fremde und Heimatlosigkeit gegenüber dem Leben. Ihre Gegensätze tragen sie feinfühlig, gelassen und nie verletzend aus. Lefébures Reaktion auf diese erste Kühnheit Mallarmés unterscheidet sich sehr von der Cazalis', sie trifft den Kern: »Was mich vor allem erstaunt an Ihren strahlenden und dunklen Versen, ist die einzigartige Kraft der Konzentration. Möglicherweise liegen die Gründe dafür sehr weit zurück in Ihrem Leben und haben als Folge davon zur Schwermut geführt, die Ihre Stärke als Dichter und Ihren Schmerz als Mensch ausmacht.« Aber selbst Lefébure erhebt, wenn auch diskret, Einwände; die Gedichte seien übersättigt mit Bildern und ersticken manchmal an Gedanken: »Ich glaube, wenn Sie es weniger gut machen könnten, wäre es besser; aber man muß sich nehmen, wie man ist.« Mit der Zeit werden diese vereinzelten kritischen Stimmen zum Chor anschwellen.

In den Sommerferien reist Mallarmé in den Süden und lernt in Avignon die Félibristen Théodore Aubanel, Joseph Roumanille, Jean Brunet und Frédéric Mistral kennen, die an einer Erneuerung der provenzalischen Sprache arbeiten. Ihr politisches Ziel ist die Autonomie der Provence. Sie begrüßen den jungen Dichter mit offenen

Nach dem Essen zog Villiers sich in sein Zimmer zurück – er arbeitete damals an ›Elen‹ –, und ich ging mit Stéphane Mallarmé … an der Seine spazieren. Er war nicht sehr groß, schüchtern, und sein zugleich strenges und klagendes, in der Schwermut sanftes Gesicht war bereits von Verzweiflung und Enttäuschung gezeichnet. Er hatte sehr kleine, zarte Hände und die Gesten eines (spröden und zerbrechlichen) Dandys. Aber seine Augen waren rein und klar wie bei einem sehr kleinen Kind, eine aus weiter Ferne durchschimmernde Reinheit, und seine Stimme, die ein wenig zu sehr Wert legte

13 Catulle Mendès (1841–1909)

Armen. Zwar verstehen sie seine Gedanken nicht, es genügt ihnen, daß er ein Dichter sein will. Schon bald geben sie ihm den vielsagenden Spitznamen Fakir. Von Avignon fährt Mallarmé nach Paris, wo er den ebenso brillanten wie zynischen Parnasse-Dichter Catulle Mendès und den aus einem der ältesten Adelsgeschlechter Frankreichs stammenden Grafen Auguste Villiers de l'Isle-Adam kennenlernt.

Was Villiers betrifft, so wird aus dieser Begegnung eine der innigsten Freundschaften entstehen, zu denen Mallarmé fähig war. Villiers, bettelarm, aber ein stolzer Ritter des Traums wie Don Quixote, ist damals schon ein bekannter Dichter, der mit Berühmtheiten wie Baudelaire verkehrt. Villiers ist auch mit Richard Wagner befreundet, den er bewundernd »Ätna« nennt.

Paris und die Begegnungen mit literarischen Größen wie Mendès, Villiers und Banville, die ihn freundlich aufnehmen und ermutigen, sind Balsam für den in die Provinz Verbannten. Er hat den Plan zu einer Tragödie gefaßt, von der er noch nicht viel mehr hat als den Titel: ›Hérodiade‹. Er macht sich an die Arbeit, die er jedoch schon bald unterbrechen muß, denn am 19. November wird in Tournon die Tochter Geneviève geboren. An seine Großmutter schreibt er: »Ich bin sehr stolz.« Aber er braucht Geld: »Es ist schrecklich, daß hier (ich habe mich erkundigt) eine Taufe mindestens zwanzig Francs kostet.«

Mallarmé hatte sich eine Tochter und keinen Sohn gewünscht, doch »leider ist sie sehr braun und wird mir nachschlagen« – offenbar wollte er eine kleine deutsche Maria mit blonden Zöpfen. Seine Schüler schicken ihm – für vermeintliche Bauerntölpel erstaunlich – als Gratulation ein von ihnen selbst verfaßtes Sonett.

auf eine fließende Aussprache, war wie ein Streicheln. Als ob er den traurigen Dingen, die er sagte, nicht die geringste Bedeutung beimessen würde, erzählte er mir, daß er als armer Französischlehrer in größtem Elend recht lange in London gelebt und in der riesigen gleichgültigen Stadt sehr an Einsamkeit und Geldnot gelitten hatte … Dann gab er mir Verse zu lesen. Sie waren mit einer zarten, korrekten und unendlich minutiösen Schrift in eines dieser kleinen Hefte aus Lederpappe mit Kupferverschluß geschrieben … Ich war entzückt. *Catulle Mendès, zitiert nach Mondor, 1941*

Mallarmé leidet aber an der lärmenden Unruhe, die das Kind in den engen Haushalt bringt. An Cazalis schreibt er, daß er sich wie ein Greis herumschleppt: »Ein Dichter muß auf dieser Welt einzig und allein ein Dichter sein, und ich fühle mich zum Teil wie eine Leiche.« Über die Tochter: »Es ist reizend, sie zehn Minuten zu küssen, aber was dann?« Und an Mistral: »Diese Freude hat mich jedoch nicht verjüngt. Ich bin in einer grausamen Lage: Die Dinge des Lebens erscheinen mir zu flüchtig, als daß ich sie lieben könnte, und ich fühle mich nur am Leben, wenn ich Verse mache, oder ich langweile mich, weil ich nicht arbeite, und andererseits arbeite ich nicht, weil ich mich langweile. Damit muß Schluß sein!« Geneviève hat die vage Vision von ›Hérodiade‹ vertrieben.

Anfang 1865 veröffentlicht Mallarmé im ›Artiste‹ seine »Symphonie littéraire« über Gautier, Banville und Baudelaire. Er erweist den Dichtern, die er bewundert, alle Ehre, aber es klingt nach Abschied. Im Vorwort findet sich der so merkwürdig wie unheilvoll klingende Satz: »Moderne Muse der Ohnmacht …, du wirst in diesen Zeilen die Freuden einer rein passiven Seele entdecken, die noch Frau ist und morgen schon ein Idiot sein wird.« Banville, von den dreien am besten getroffen, dankt ihm in einem sehr herzlichen und freundschaftlichen Brief, Gautier bleibt reserviert, fast unfreundlich, Baudelaire schweigt wie üblich.

Es beginnt eine der kläglichsten Phasen seines Lebens: »Wenn nach einem Tag des Wartens und Dürstens meine Jakobsstunde kommt, der Kampf mit dem Ideal, habe ich nicht mehr die Kraft, zwei Wörter aneinanderzureihen.« Er fleht Cazalis an, ihn zu besuchen, und preist wie ein Touristenführer die Sehenswürdigkeiten der Ardèche. Sein Elend macht ihn stolz, aber nicht überheblich wie den Dandy Baudelaire, er ist nur sehr mutlos. Da ihm die Kraft zu Besserem fehlt, feilt er an seinen Gedichten, immer mit dem gleichen Ziel: Abstreifen der Einflüsse, Verdichtung, Verallgemeinerung, Läuterung, Entschlackung. Für den ›Parnasse satyrique‹ schreibt

Der Dichterkreis der **Félibres** (vermutlich aus dem Vulgärlateinischen *fellebris* = derjenige, der wie ein Säugling [von den Musen] genährt wird) um Théodore Aubanel, Joseph Roumanille, Jean Brunet und Frédéric Mistral wurde 1854 in Fontségugne bei Avignon gegründet. Die *félibrige* genannte Bewegung hatte sich das Ziel gesetzt, die provenzalische Sprache und Literatur zu pflegen und zu erneuern. Ihr politisches Ziel war die Unabhängigkeit der Provence von Frankreich.

er zur Übung das kleine pornographische Gedicht »Eine Negerin«, dessen Echtheit die Verehrer der ›keuschen Kunst‹ Mallarmés jahrzehntelang bestreiten werden.

Zum Reisen ist kein Geld in der Haushaltskasse, und so sieht er den Sommerferien freudlos entgegen. Das Kind will satt werden. Ein zweites Mal unterbricht er die Arbeit an ›Hérodiade‹ und fängt etwas Neues an: die ›Improvisation eines Fauns‹, die sich, als Banville ihm Hoffnung macht, sie als Einakter am Theater aufführen zu können, in einen dramatisierten ›Monolog eines Fauns‹ verwandelt, um endlich, als diese Hoffnung sich zerschlagen hat, zum lyrischen Gedicht ›Nachmittag eines Fauns‹ zu werden. Seltsamerweise braucht der langsame Arbeiter nur vier Monate zur ersten Niederschrift dieses Hirtengedichts, von dem noch zu sprechen sein wird.

Im September fährt er, wohl weil ihm zu Hause die Decke auf den Kopf fällt, mit einer ersten Fassung in der Tasche nach Paris, wo Banville und der Schauspieler und Theaterdirektor Coquelin dem ›Faun‹ jede Bühnentauglichkeit absprechen. Mallarmé fühlt sich erniedrigt, zweifelt an sich und will bloß heim zur Familie, »in unser verschwiegenes Nest«, doch besucht er noch die Großeltern in Versailles. Im Oktober ist er wieder in Tournon und zieht in eine bessere Wohnung um. Heute liest man dort auf einer Tafel: »In diesem Haus, erbaut auf den Turmruinen des Schlosses, wo Pierre Ronsard im August 1536 mit dem sterbenden Dauphin zusammentraf, schrieb Stéphane Mallarmé 1863–1866 seine schönsten Gedichte.« Er freut sich über den größeren Wohnkomfort und lädt alle Freunde zu sich ein, doch nur Lefébure kommt einige Tage zu Besuch; auch er mag die neue Wohnung. Mallarmé liest ihm das Prosagedicht ›Winterfrösteln‹ vor, das eine schon verklärte Erinnerung an die erste Londoner Zeit mit Maria ist. Dem Freund gefällt es sehr.

Von seinem Arbeitszimmer hat Mallarmé einen Blick auf die geliebte Rhône, »still und verschlossen wie der Grund eines Sees«.

Die meist sehr kurzlebigen und oft sehr dilettantisch gemachten **Literaturzeitschriften** (manche brachten es nur auf eine einzige Nummer) waren in der zweiten Hälfte des 19. Jahrhunderts nichtsdestotrotz ein wichtiges Forum für junge, noch namenlose Dichter, um bekannt zu werden und einen Verlag zu finden. Selbst die unbedeutendste Literaturschule oder -strömung verfügte über mindestens eine Literaturzeitschrift, in der sie ihre Lehren und Ansichten verkündete. Die wichtigste Plattform der Parnasse-Schule war das in unregelmäßigen Abständen erscheinende Periodikum ›Le Parnasse contemporain‹.

14 Charles Marie Leconte de Lisle. Foto, um 1890

Seine Wohnung ist eine »Schatulle, die gegen den brutalen Raum die Entfaltung einer intimen Delikatesse verteidigt«. Ganz Tournon wirkt plötzlich wie verzaubert. Mit neuem Mut setzt er sich an ›Hérodiade‹, die er nach seinen enttäuschenden Erfahrungen mit den Pariser Theaterprofis nun nicht mehr als Tragödie, sondern als Gedicht konzipiert. An Mistral schreibt er: »Der *spleen* hat mich fast verlassen, und meine Poesie hat sich aus seinen Trümmern erhoben; die Ohnmacht ist besiegt, und meine Seele regt sich in Freiheit.« Das englische Wort *spleen*, das Milz und im übertragenen Sinn Melancholie bedeutet, war in Frankreich zum Modewort der Romantik geworden und umfaßte wie die portugiesische Entsprechung der *saudade* die ganze Stimmungsskala von Lebensekel, Lebensüberdruß, Schwermut, Langeweile, Weltschmerz und Traurigkeit bis zu quälender Sehnsucht und diffusem Heimweh nach einem verlorenen Paradies.

Im Dezember stirbt in Versailles der Großvater André Desmolins. Mallarmé fährt zur Beerdigung, erbt ein paar Sachen, Möbel, Kleider, Bücher, Tafelsilber. Nach den Trauerfeierlichkeiten macht er einen Abstecher nach Paris. Die Heimfahrt verzögert sich wegen eines Furunkels am Gesäß, das sich jedoch vorteilhaft auswirkt, denn Leconte de Lisle gibt ihm zu Ehren ein Festessen, wo er neben anderen Pariser Dichtern François Coppée und José Maria de Heredia kennenlernt.

Charles Leconte de Lisle (1814–1894) ist wohl der bedeutendste Vertreter der Parnasse-Dichtung. In seinen Werken (›Antike Gedichte‹, ›Barbarische Gedichte‹) erweist er sich als Verfechter eines radikalen, an der Antike orientierten Ästhetizismus: »Der sittliche Wert eines großen Künstlers – das ist seine Begabung.« (Vorwort zu der Sammlung ›Die Dichter unserer Zeit‹, 1864). Sein ästhetischer Radikalismus und Idealismus beeinflußte die Symbolisten.

›Hérodiade‹ und die Nacht von Tournon

Da du schon tot bist, wer sollte dich töten?
Arthur Rimbaud

Mit ›Hérodiade‹, diesem seltsam verstiegenen Werk, von dem Mallarmé wie besessen war und an dem er bis zu seinem Lebensende arbeitete, beginnt ein über 30 Jahre dauerndes intellektuelles Drama, begleitet von einem intensiven Briefwechsel mit den Freunden. Im Oktober 1864 erläutert er Cazalis seinen Plan: »Ich habe endlich meine Hérodiade angefangen. Mit Grauen, denn ich erfinde eine Sprache, die aus einer ganz neuen Poetik entspringen muß, die ich mit diesen beiden Worten umschreiben könnte: Nicht die Sache, sondern die Wirkung malen, die sie hervorbringt. Der Vers darf also nicht aus Wörtern, sondern muß aus Absichten bestehen, und alle Sätze müssen vor den Empfindungen zurücktreten.« Das ist eine klare Absage an Naturalismus und Realismus und, lange vor dem Aufkommen des Impressionismus, ein impressionistisches Programm. Aber Mallarmé ist kein Lautmaler, sondern ein Pionier der Poesie und poetischen Syntax.

Um den Bereich des Mysteriums und Arkanums zu erschließen, muß man die Wörter und ihre Wirkungen auf die Empfindungen genau studieren. Der beschreibende Gebrauch der Wörter etikettiert nur eine Wirklichkeit ohne Geheimnis. 1891 sagt Mallarmé einem Journalisten: »Die Sache nennen heißt, drei Viertel des Genusses am Gedicht unterdrücken, das aus dem Glück gemacht ist, nach und nach zu erraten; Suggerieren ist das Ziel.«

An Cazalis schreibt er: »Ich werde nie wieder eine Feder anrühren, sollte ich scheitern.« Doch die Geburt seiner Tochter Gene-

Ich habe den Namen Hérodiade beibehalten, um sie von jener Salome zu unterscheiden, die ich die moderne oder ausgegrabene nennen würde, mit ihrem archaisierend Anekdotischen – dem Tanz usw. –, um sie, wie es einzelne Gemälde getan haben, im schrecklichen, geheimnisvollen Geschehen abzusondern – und um aufschillern zu lassen, was wahrscheinlich spukhaft auftauchte; daraus hervorgegangen mit ihrem Attribut – dem Haupt des Heiligen – muß die junge Dame ein Ungeheuer für die vulgären Liebhaber des Lebens sein. *zitiert nach Peter Szondi, 1975*

15 Mallarmés Tochter Geneviève, Fotografie, April 1869

viève beeinträchtigt ihn in seiner Arbeit so sehr, daß er nach einigen Wochen entnervt aufgibt. Erst Anfang 1865 meldet er sich, wieder bei Cazalis, zurück: »Ich arbeite seit einer Woche. Ich habe mich ernsthaft an meine Tragödie Hérodiade gemacht ... Wenn ich doch nur ein leichtes Werk gewählt hätte; aber ich, der Unfruchtbare und Dämmerungssüchtige, habe ein furchtbares Thema gewählt, wo die Empfindungen, wenn sie lebhaft sind, bis zur Grausamkeit getrieben werden, und, wenn sie in der Schwebe bleiben, den seltsamen Eindruck eines Mysteriums erwecken. Und es gibt Augenblicke, in denen mein Vers mir weh tut und mich wie ein Eisen verwundet! Im übrigen habe ich damit eine eigene und einzigartige Weise gefunden, sehr flüchtige Empfindungen zu malen und aufzuzeichnen. Nimm hinzu, um den Schrecken voll zu machen, daß diese Impressionen aufeinanderfolgen wie in einer Symphonie, und es vergehen ganze Tage, wo ich mich frage, ob die eine zur andern paßt, was sie verbindet und wie sie wirken ... Du kannst dir vorstellen, daß ich nur wenige Verse in einer Woche schreibe.« Nach der Malerei, den Impressionen, ist nun auch die Musik, die Symphonie, in seinen poetischen Plan eingeflossen. Synästhetische Verquickungen, in denen er es zu einsamer Meisterschaft bringen wird, bahnen sich an.

Drei Monate lang habe ich mich in Hérodiade verbissen, meine Lampe weiß ein Lied davon zu singen! Ich habe die musikalische Ouverture geschrieben, fast noch Skizze, aber ich kann ohne Anmaßung sagen, daß sie eine unerhörte Wirkung haben wird

Ich blühe nur für mich als Einsamste von allen!
Ihr amethystnen Parks, ihr wißt es wohl, verhüllt
endlos in Schluchten, hell von heißem Glanz erfüllt,
du unbekanntes Gold mit ewigem Gefunkel
in deinem tiefen Schlaf im alten Erdendunkel,
ihr Steine, draus mein Aug als strahlendes Juwel
klingende Reinheit schöpft, ihr Erze ohne Fehl,
die meinem jungen Haar das schicksalhafte Flimmern
verliehen und zugleich der schweren Fülle Schimmern.

Aus ›Hérodiade‹

Auch anderen Freunden schreibt er von seinem Plan, auch Banville, seinem Vorbild, der ihm Hoffnung auf eine Aufführung am Théâtre Français macht, gleichzeitig aber mahnt, das Werk müsse bühnengerecht sein: »Was im allgemeinen ein Hindernis für poetische Stücke ist, ist die Furcht, Geld auszugeben für ein ungewisses Ergebnis. Achten Sie darauf, daß nicht nur Poesie, sondern auch ein dramatisches Interesse vorhanden ist.« Bemerkungen wie diese tragen zur weiteren Verunsicherung des jungen Dichters bei, der nun plötzlich davon träumen kann, an einem berühmten Pariser Theater ein glanzvolles Debüt zu feiern. Das Frühjahr vergeht über der Arbeit, die Freunde sind begierig, erste Früchte zu sehen, Aubanel, naiv und begeistert, schreibt ihm: »Deine nahe Ankunft erfüllt mein Herz mit Freude … Vergiß bitte nicht, Dein Intermezzo und vor allem Hérodiade mitzubringen. Ah, was für ein schönes Thema, mein Freund, und was für ein Glück für Dich, es gefunden zu haben! Es ist richtig, daß du dieser Tragödie drei Akte gibst, das ist nicht zuviel, um das Blut fließen zu lassen und die Schönheit zu besingen. Du solltest noch einen lyrischen Teil einschalten mit Liebesliedern, frommen Hymnen und wilden Chören. Damit daraus am Ende etwas Ungeheures, Strahlendes und Märchenhaftes wird wie *Die Hochzeit zu Kanaan* von Veronese und etwas Schreckliches wie ein Ribéra.« Auch dieser freundliche Zu-

und daß die dramatische Szene, die du kennst, neben diesen Versen wie ein vulgäres Abziehbild neben einer Leinwand von Leonardo da Vinci wirkt. Ich brauche wohl noch drei oder vier Winter, um dieses Werk zu vollenden, aber dann hätte ich endlich etwas geschaffen, was an meinen Traum von einem Gedicht herankommt, das Poes würdig ist und neben seinen Gedichten bestehen kann.

An Théodore Aubanel, April 1866

spruch dürfte dem Vorhaben nicht gerade förderlich gewesen sein. Mallarmé hat zu diesem Zeitpunkt die Arbeit an ›Hérodiade‹ schon wieder unterbrochen, um jenes »Intermezzo« zu schreiben, aus dem der ›Nachmittag eines Fauns‹ entsteht. Darüber vergeht der Sommer.

Nach seinem Umzug nach Besançon nimmt er die Arbeit an ›Hérodiade‹ nicht wieder auf; bis zur Entstehung des – neben der Ouverture und der *scène* – drittes Fragment, »Lobgesang Johannes des Täufers«, werden 20 Jahre vergehen.

Das Sujet der ›Hérodiade‹ lag gleichsam in der Luft, alle Welt dichtete sich in die Vergangenheit zurück. Flaubert schrieb seine ›Salammbô‹, Villiers feierte eine jungfräuliche Isis, Banville, eine Art Indianer der Poesie, der schon zu Lebzeiten in den ewigen Jagdgründen der Dichtung jagte, ließ eine Diana durch die Wälder streifen, und das Salome-Motiv wurde gleich mehrmals, von Cazalis, Wilde und Villiers, bearbeitet. Salome steht damals für Sinnlichkeit und Wollust, Johannes symbolisiert Geist und Askese, doch Mallarmé entfernt sich weit von diesen Darstellungen, ebenso wie von der biblischen Vorlage.

An Lefébure schreibt er: »Die schönste Seite meines Werks wird die sein, die nichts als den göttlichen Namen enthalten wird: Hérodiade. Was ich an Inspiration hatte, verdanke ich diesem Namen, und ich denke, hätte meine Heldin Salome geheißen, so hätte ich dies Wort erfunden, dunkel, und rot wie ein offener Granatapfel: Hérodiade. Im übrigen liegt mir daran, aus ihr ein rein geträumtes und von der Geschichte völlig losgelöstes Wesen zu machen. Sie verstehen mich. Nicht einmal auf all die Bilder von Leonardo-Schülern und von allen Florentinern berufe ich mich, welche sie zur Geliebten hatten und sie so nannten wie ich.«

Mindestens drei Wörter enthält der Name Hérodiade, die zu Schlüsselsymbolen von Mallarmés Dichtung werden: *héro* (Held), *éros* und, anagrammatisch, *rose*. In seiner ›Hérodiade‹ verschmelzen die Tochter Salome und ihre Mutter Herodias zu einer einzi-

König Herodes, entzückt vom erotischen Schleiertanz **Salomes**, der Tochter der Herodias, gewährt Salome einen Wunsch: Diese fordert, von ihrer Mutter, die den Einfluß des Propheten fürchtet, angestiftet, das Haupt von Johannes dem Täufer, das ihr kurz darauf auf einer silbernen Platte überreicht wird. Seit dieser biblischen Zeit ist Salome ein stereotypes Symbol für weibliche Sinnlichkeit und Verführungskunst. Flauberts Roman ›Salammbô‹ (1862) und seine Gestalt der stolzen karthagischen Königstochter und keuschen Hohenpriesterin Salammbô hat sicher Mallarmés Konzeption der ›Hérodiade‹ beeinflußt.

gen archetypischen Gestalt. Der dramatische Konflikt entsteht allein aus einer – imaginären, stattgefundenen oder noch stattfindenden? – Begegnung zwischen Hérodiade und dem Blick eines Mannes, des heiligen Johannes, der die Intimsphäre und Integrität der Jungfrau verletzt. Hérodiade empfindet diesen Blick als symbolische Entjungferung. Aber Mutter und Tochter in einem, das erinnert an die tote Mutter und Schwester des Dichters, und man ahnt einen psychologischen, vielleicht traumatischen Hintergrund.

Mallarmé, dieser so diskrete Mann und »absolute Dichter«, wie Verlaine ihn nennen wird, hat niemals etwas geschrieben, das nicht einen autobiographischen Bezug gehabt hätte. Was Flaubert von seiner Madame Bovary sagte: »Madame Bovary – das bin ich«, hätte wohl auch Mallarmé über Hérodiade sagen können, in der sich, außer ihm selbst, auch die tote Mutter und Schwester widerspiegeln.

Man kann das Werk, offen gesagt, heute kaum mehr lesen. Erstens gibt es keine angemessene deutsche Übersetzung, und es fragt sich, ob überhaupt eine möglich ist. Vielleicht wäre eine aktualisierende, behutsam deutende Neudichtung machbar und wünschenswert. Aber welcher Übersetzer kann und will sich auf ein solches Unterfangen einlassen, auf ein Werk, das schon seinen

16 Salome mit dem Haupt des Johannes. Gemälde von Victor Müller, um 1870

Autor um ein Haar getötet hätte? Dieses heftige Bildergewitter, diese sprachlichen Übersteuerungen, diese Kettenreaktion von Sinn- und Symbolimplosionen – die genau das erreicht (und erreichen will), was Ernst Jünger in seiner Parabel vom »Blechsturz« als Alptraum schlechthin beschreibt – betreibt die Auslöschung aller Bilder durch Blendung, damit gleichsam nach Durchquerung eines Mahlstroms die Konfrontation mit der Leere, dem Nichts möglich wird. Im übrigen ist auch ›Hérodiade‹ ein Kind ihrer Zeit und das Werk eines Debütanten, dem viel vom schillernden Tand der Parnasse-Dichtung, die heute fast ganz in Vergessenheit geraten ist, anhaftet. Wer allerdings nach der »Machart« (Kavafis) von Poesie fragt, findet hier ein reiches Feld; und wer sich dafür interessiert, wie radikales Denken sich selbst denkt und hervorbringt, dem blüht womöglich ein blaues Wunder – aber nicht in Form einer romantischen Blume, sondern eher als »Bluterguß der Seele« (H. H. Jahnn).

Peter Szondi (»Kaum je zuvor in der Geschichte der dramatischen Literatur ist solcher Rückzug in die Innerlichkeit zum Thema eines Dramas geworden«) versucht, das Werk literaturgeschichtlich ins »Intime Theater« der Jahrhundertwende einzuordnen, Johannes Hauck betont die den ästhetischen Rahmen sprengenden Dimensionen, Kurt Wais dagegen beargwöhnt Hérodiades Fanatismus der Jungfräulichkeit als eine Art Keuschheitsfimmel, für Sartre – und in ähnlicher Weise auch für Valéry – wird ›Hérodiade‹ durch den Flitterkram der Parnasse-Dichtung verschandelt.

Die Ouverture ist ein großer Monolog der Amme Hérodiades, die sich in düsteren und dunklen Ahnungen über das Schicksal der Heldin ergeht. Die von ihr beschriebene Kulisse ist der »Aschen- und Opferturm« einer Schloßruine in einem verfallenen Park mit einem toten

In der nebenstehenden Spiegelszene, die Hérodiades Begegnung mit sich selbst symbolisiert, macht Mallarmé noch Gebrauch vom vergleichenden Wie, das er später gänzlich aus seinem Wortschatz tilgt.

Spiegel!
Vor Trübsinn kaltes Wasser in
deinem frostigen Rahmen,
Wie oft und stundenlang, traum-
verlassen
Und auf der Suche nach meinen
Erinnerungen,
Wie Laub unter deinem glatten
Eis im tiefen Loch,
Erschien ich mir in dir wie ein fer-
ner Schatten,
Doch an manchem Abend sah ich
voll Entsetzen
In deinem strengen Brunnen die
Nacktheit
Meines wirren Traums!

Aus ›Hérodiade‹

Teich, der nur noch »Schrecken spiegelt«. – Man fühlt sich fast in eine Kulisse von Poe versetzt, gäbe es nicht die mit Bildern und Symbolen überladene Sprache, den raffinierten Satzbau und die eher kubistisch denn impressionistisch anmutende Syntax, die diesen Text fast unübersetzbar macht.

In den öden Turm hat sich das »kalte Kind« zurückgezogen, wo es sich nach der diamantenen Reinheit eines Sterns und gläserner Unberührtheit sehnt. In der folgenden *scène*, die von keinerlei Handlung, sondern allein von der kühnen Verknüpfung äußerer wie innerer Sinnbilder vorangetrieben wird, kommt es zum Dialog zwischen Hérodiade und ihrer Amme, die sich schon in den ersten Zeilen als Vertreterin des Realitätsprinzips und der sozialen Normen entpuppt und nicht ohne Ironie die traumversunkene Weltferne ihres Zöglings kritisiert. Auf ihre Frage an die Amme, ob sie schön sei, erwidert diese, daß sie, die alte Frau, gern mit dem Mann tauschen würde, »für den das Schicksal deine Geheimnisse aufbewahrt.« Gegen diese Zumutung verwahrt sich Hérodiade vehement in einer leidenschaftlichen Selbsterklärung (»Für mich, allein für mich blühe ich, wüstenfern!«), doch die letzten Verse der *scène* deuten eine Wendung an, die das Bekenntnis zur Einsamkeit relativiert:

»Lebwohl.
Du lügst, nackte Blume meiner Lippen.
Ich warte auf etwas Unbekanntes,
Oder vielleicht weißt du nichts vom Geheimnis und deinem Schrei
Und stößt das letzte wunde Schluchzen einer Kindheit aus,
Die in ihren Träumen fühlt,
Wie sich ihre kalten Edelsteine scheiden.«

Hier bricht das lyrische Drama ab. Der viel später geschriebene ›Lobgesang Johannes des Täufers‹, ein siebenstrophiger Choral des

Die ererbte Wirklichkeit bietet nur Leere, Überdruß, *ennui*. Die menschliche Geschichte hat einen Spiegel geschaffen, der den Dichter, der sich in ihm betrachtet, zerstäubt, da er nichts darin findet, was er gebrauchen kann. Aber diese höhere, gültigere Wirklichkeit muß von jedem Dichter immer wieder neu geschaffen werden. Nichts ist da, außer hier dem Weiß der noch unbefleckten, unbeschriebenen Seite, dort das wüste Land (T. S. Eliot). In der Literatur und Malerei des Fin-de-siècle, v. a. bei Wilde, aber auch bei Manet und anderen, wurde Salome zum Symbol todbringender Verführungskunst, zur personalisierten Darstellung der Zeitseuche Syphilis.

Märtyrers vor seiner Enthauptung, ist keine dramatische Katharsis, sondern lediglich das lyrische Schlußstück einer bloß angedeuteten Entwicklung. Aus Mallarmés nachgelassenen Notizen geht hervor, daß ein letzter geplanter Monolog den mystischen Bund von Hérodiade und Johannes im Tod besiegeln sollte: der einzigen ›Hochzeit‹, die das Ideal der Reinheit nicht verletzt.

Wie Mallarmé die verschiedenen Aspekte und Bedeutungsschichten dieses Ideals entwickelt, das hebt seine ›Hérodiade‹ weit über eine bloß etwas bizarre Variante der Salome-Erzählung heraus, die in ihren Fin-de-siècle-Darstellungen dem Kitsch anheimfiel. Sicher nicht zuletzt ist das Werk, ob der Dichter sich dessen nun bewußt war oder nicht, die Bewältigung eines Kindheitstraumas, denn daß Hérodiade nichts mit der Welt und ihrem Kreislauf von Zeugung, Geburt und Tod zu schaffen haben will und sich in eine traumverlorene Asozialität flüchtet, läßt sich als der Versuch des Dichters interpretieren, die tote Mutter nachträglich vor dem Tod zu bewahren – und sich selbst vor dem Geborenwerden. Es geht um eine Annullierung der Schöpfung an sich, eine Regression auf die Zeit vor dem Sündenfall.

Die Reaktion auf Leere, Überdruß, *ennui* der realen Welt ist eine Flucht in die höhere Wirklichkeit der Kunst. Doch der Versuch, eine Kunstwelt zu schaffen, die so strahlend rein und hermetisch in sich geschlossen ist, daß sie die Außenwelt auslöscht, führt geradewegs in die Sterilität. Mallarmés ›Hérodiade‹ zelebriert mit höchster Kunst diese Unfähigkeit zur Kunst. Aber das Ende der *scène* deutet an, daß der Dichter sich seines Dilemmas bewußt zu werden beginnt. ›Hérodiade‹ ist der Anfang einer geistig-künstlerischen Krise und Schaffensimpotenz, deren Ende das ›Igitur‹-Fragment markiert.

»Die Nacht von Tournon«, wie man diese Krise genannt hat, in die Mallarmé 1866 für rund fünf Jahre hineingerät und die ihn bis an den Rand von Wahnsinn und Selbstmord treibt, dauert viele

Schon zwei Jahre später blickt Mallarmé mit fast verklärtem Blick auf sein Exil in Tournon zurück:

Nächte und Tage, nicht nur in Tournon, und sie hat viele Ursachen: persönliche, familiäre, seelische, künstlerische. Einige seiner bedeutendsten Gedichte und zwei Hauptwerke, ›Hérodiade‹ und ›Igitur‹, sind davon geprägt. In seinen Briefen kündigt sich diese Krise an, und sie setzt sich darin fort als chronologisch ablesbare Fieberkurve eines existentiellen Deliriums.

So wenig ermutigend der Start des jungen Lehrers in Tournon im Département Ardèche war – Mallarmé macht daraus ein Wortspiel: »Art«-»Dèche« (Kunst-Klemme) –, so stolz klingt es, wenn er seine Hérodiade sagen läßt: »Für mich allein blühe ich, wüstenfern!« Tournon ist für ihn eine Wüste, im Winter eisig kalt, im Sommer glühend heiß, bevölkert von abscheulichen Schülern, die ihm nicht gehorchen, Papierknäuel nach ihm werfen und ihm Zettel an den Mantel heften. Auch die Kollegen schätzen ihn trotz seiner guten Manieren nicht, und die Vorgesetzten sind von seinen pädagogischen Fähigkeiten keineswegs überzeugt. Er hat Frau und Kind zu ernähren, doch die relative Sicherheit eines Beamten genießt er noch längst nicht, denn man kann ihn nach dem Probejahr jederzeit wieder entlassen.

Als er nach einigen Jahren die tote Stadt verläßt, deren Einwohner erst aus ihrer Grabinschrift erfahren, daß sie dort einmal gelebt haben, ist es eine Flucht. Allein Maria, sein »engelhafter Paradiesschatten« – als Ausländerin ist sie in Tournon ein halber Paria –, spendet ihm Trost. Ihre Liebe ist still, zärtlich und liebevoll, instinktiv ist sie empfänglich für Poesie, kann Worte genießen, auch ohne sie immer zu verstehen. Und da sind auch noch die Freunde, denen er in Briefen und kurzen Begegnungen seine Qualen schildert. Ohne Maria und diese Freunde wäre die »Nacht von Tournon« für Mallarmé vielleicht zur ewigen Nacht geworden. Sie waren das Seil, auf dem er traumwandeln konnte.

Sein janusköpfiges, fast schizophrenes Wesen, diese an Novalis gemahnende »beinah widernatürliche Doppelheit des ganz Unbe-

Exil

Wirf einen Blick auf dieses arme kleine Tournon, wenn du mit dem Schiff vorbeikommst: Dort haben wir drei Jahre gelebt! Wenn Du an der Flanke des alten Schlosses und seines alten erhaltenen Turms ein kleines, gewöhnliches Haus mit weißen Fensterläden siehst, dort war es, lieber Freund, wo ich mein ganzes Leben und das Absolute geträumt habe. Wenn ich Dir das schreibe, könnte ich leicht Tränen in mir aufsteigen fühlen.

An Henri Cazalis, 1868

wußten und des ganz Bewußten« (Kurt Wais) bedeutete Gefahr und Rettung zugleich, denn sie machte ihn extrem empfänglich für Botschaften aus dem Unbewußten, aber auch dafür, diese Botschaften mit äußerster Klarheit aufzunehmen. Anfang März erlebt er in einer ersten, von Lichtblitzen durchzuckten Nacht in Tournon eine poetische Sternstunde, als er plötzlich den entscheidenden Zugang zu ›Hérodiade‹ zu finden glaubt. Er schreibt an Cazalis: »Ja, ich weiß, wir sind nur nichtige Formen der Materie – aber sublim genug, um Gott und unsere Seele erfunden zu haben. So sublim, mein Freund, daß ich mir das Schauspiel gönnen will: wie die Materie, trotz des Bewußtseins ihres Seins, aber mit einem wahnwitzigen Sprung in die, wie sie weiß, gar nicht existierende Traumerfüllung, das Lied der Seele und aller andern in uns seit Urzeiten angestauten göttlichen Eindrücke anstimmt; und wie sie angesichts des Nichts, das die Wahrheit ist, sich diese glorreichen Lügen verkündet! Das ist der Plan zu meinem lyrischen Buch, und das ist vielleicht auch sein Titel … Die glorreiche Lüge. Ich singe als Verzweifelter.« Cazalis, der geschulte Metaphysiker und Kenner des Buddhismus, wendet ein: »Weißt Du, Deine Ideen über das Nichts sind sehr schön, aber sie sind auch wie gewisse sehr schöne Frauen, die dumm wie Bohnenstroh sind. Wie soll denn nach Deiner Meinung die Materie das Unmaterielle erschaffen: den Gedanken und die Seele, also ex nihilo nihil?« Auf diese harsche Kritik bleibt der frischgebackene Atheist und unverbesserliche Idealist die Antwort schuldig.

Ende April beendet er die ›Ouverture ancienne‹, und am 1. Mai, passend zur Jahreszeit, nimmt er die Arbeit am ›Faun‹ wieder auf. Mitte Mai erscheinen zehn Gedichte im ›Parnasse contemporain‹: »Die Fenster«, »Der Glöckner«, »Angst«, »Lenz«, »Azur«, »Die Blumen«, »Seufzer«, »Seebrise«, »Almosen«, »Epilog«, »Trauriger Sommer«. Es ist seine erste bedeutende Publikation, denn diese Zeitschrift ist das Sprachrohr des Parnasse, wo Baudelaire, Gautier,

Seebrise
Ach trist ist das Fleisch,
die Bücher hab' ich alle gelesen.
Weg, nur weg von hier!
Trunken sein wie die Vögel
zwischen vagem Gischt und
Himmel!
Nichts, keine alten Gärten,
die sich in den Augen spiegeln,
hält mein Herz zurück,
das in das Meer eintaucht.
Nächte gab es …
Nicht die Lampe, einsam, hell
auf dem Papier, das leer ist
und vom Weiß beschützt, auch
nicht die junge Frau,

Banville und Leconte de Lisle publizieren. Er befindet sich in illustrer Gesellschaft. Aber Mallarmé ist nicht stolz auf diesen Erfolg, sondern unglücklich über kleine Schönheitsfehler der Edition. Mendès hatte ihm keine Korrekturfahnen mehr geschickt, da er überzeugt war: »Wenn Mallarmé etwas schreibt, muß man es ihm sofort wegnehmen und publizieren, bevor er etwas korrigieren kann.« Auch die Gedichte selbst gefallen ihm nicht mehr, darum kauft er möglichst viele Exemplare auf, um sie so aus dem Verkehr zu ziehen. Er will die Perfektion.

Das Thema der »Seebrise« – Fernweh, Zivilisationsmüdigkeit, Langeweile, Flucht aus dem Alltag – ist reinste Romantik, die auch heute noch Millionen von Zeitkranken in alle Weltgegenden verschlägt. Baudelaire hatte mit diesem romantischen Ton auf seine oft etwas brutale Art aufgeräumt, doch Mallarmé erschließt ihm durch subtile ironische Brechungen neue Dimensionen. Banville wird später schreiben: »Die Natur, die wir suchen, gibt es nicht« – genauso wenig wie das Ideal, das der Dichter im Schein seiner Lampe sucht. Mit der romantischen Sehnsucht ironisiert Mallarmé auch seine eigene Kunstambition, denn das Schiff, das keine grünen Inseln findet, sinkt im Sturm, und was übrigbleibt, ist das Lied der Ertrinkenden. Doch auf diesem schmalen Saum zwischen Versuch und Scheitern ereignet sich das Schöne.

Die im ›Parnasse contemporain‹ erschienenen Gedichte haben noch andere unerwünschte Folgen, denn sie werden auch in Tournon gelesen. Seine Schüler schreiben Gedichtzeilen an die Tafel und lachen über »Ich bin besessen! Blau! Blau! Blau! Blau!« Schlimmer ist noch, daß er in der Achtung des Lehrerkollegiums und damit der guten Gesellschaft der Stadt sinkt: Spinner, die außerdem noch die Gesellschaft verachten, sind unerwünscht.

Lefébure kommt für einige Wochen zu Besuch und richtet ihn wieder etwas auf, so daß er Cazalis berichten kann: »Stell Dir vor, daß ich auf eine Reise gegangen bin und daß die Sonne die Tinte

das Kind an ihrer Brust.
Ich fahre weg! Schiff, mit
wiegendem Mast,
lichte den Anker
nach einer ferneren Natur!
Allem müde, bloß blöde
Hoffnung auf ein letztes Lebewohl!
Mag sein, der Mast,
auf Stürme geil, sinkt im Wind
und findet keine Inseln …
Aber höre, Herz,
das Lied der Matrosen!

der Herbergen ausgetrocknet hat ..., und wenn ich, um der Bruthitze der Realität zu entkommen, mich damit vergnüge, mich in Bilder der Kälte hineinzusteigern, kann ich Dir sagen, daß ich seit einem Monat in den reinsten Eiswüsten der Ästhetik stecke – nachdem ich dem Nichts begegnet bin, habe ich das Schöne gefunden – und daß Du Dir nicht vorstellen kannst, in was für lichten Höhen ich herumabenteuere.«

Mondor und nach ihm andere behaupten, Mallarmé habe in dieser Zeit der Krise Hegel, Novalis und Jean Paul, dem er den Ausdruck »poetischer Nihilist« verdanke, gelesen. Doch wo hätte er, außer in der sicher nicht üppigen Schulbücherei, die wenigen vorliegenden Übersetzungen auftreiben sollen? Er zehrt von den Mitteilungen einiger Freunde, von Cazalis und Lefébure, die sich in der Philosophie auskennen, aber vor allem von Villiers, dem die Dichter und Denker des deutschen Idealismus und der deutschen Romantik vertraut sind.

In Tournon ist die Atmosphäre unerträglich geworden. Mallarmé bittet um Versetzung an das Gymnasium von Sens, um in einem gesünderen Klima und in der Nähe seiner Familie leben zu können. Dem Antrag wird prompt stattgegeben, allerdings versetzt man ihn nicht, wie gewünscht, nach Sens, sondern nach Besançon, in die Geburtsstadt Victor Hugos. An François Coppée berichtet er: »Ich bin nicht mehr in Tournon, sondern in Besançon, alte Stadt der Kriege und der Religion, düster, kerkerhaft ... Soll ich mich dazu beglückwünschen? Bis jetzt hatte ich viel auszustehen, kaum daß ich mich erholt habe von den Verdrießlichkeiten eines so weiten Umzugs, des Einrichtens, der zahllosen Besuche, die ich Hohlköpfen machen mußte, um mich nicht schon am ersten Tag bei den Häuptlingen unbeliebt zu machen, die mich belauern wie einen anrüchigen Menschen ... Mein Gott, was für Qualen, den Lebensunterhalt zu sichern! Und wenn man ihn wenigstens sichern würde! Was für Geschäfte mutet unsere Gesellschaft ihren Dichtern zu!«

Der (freilich bettelarme) Graf und Malteserritter **Auguste Villiers de l'Isle-Adam** (1838–1889) war der beste Freund Mallarmés. Als Vermittler deutscher Literatur, Philosophie und Musik (er war mit Richard Wagner befreundet), auch mit seinem Hauptwerk ›Grausame Märchen‹ wirkte er stark auf Mallarmés Dichtung in der Zeit der Krise in Tournon. Villiers beschäftigte sich zudem intensiv mit Okkultismus, Freimaurerei und Theosophie.

17 Sehnsucht. Gemälde von Hans Thoma, 1900

Mallarmé haust und schreibt provisorisch im Flur der engen Wohnung und muß auf das geliebte Dekor verzichten. Dem Seelenfreund Cazalis vertraut er an, daß er einen zweiten Winter in Besançon nicht zu überleben glaubt, »und es ist also dringend notwendig, daß Du hierher kommst, oder wir laufen große Gefahr, uns nie wieder zu sehen«.

Mallarmé durchlebt eine Zeit höchster geistiger und auch körperlicher Anspannung, die große Ähnlichkeit mit der zeitlich nur wenig späteren Krise Rimbauds hat, und manchmal verspürt er Lust, als Bettler nach Afrika zu gehen. Doch in den Sommerferien macht er die übliche kleine Rundreise und besucht in Sens auch seine Stiefmutter, die einsiedlerisch lebt und recht gute Bilder malt.

Einige Sätze aus Banvilles Grabrede auf Baudelaire passen, so Henri Mondor, fast noch besser auf Mallarmé:

»Baudelaire, der es ernst meinte mit dem Denken wie mit dem Ausdruck, verabscheute bis zum Ekel die Romanze, den Wortschwall, das verschwommen Selige, die Liebesabenteuer und allen poetischen Trödel. Voller Verachtung des hohlen Geschwätzes glaubte er nur an die geduldige Arbeit, an die in gutem Französisch gesagte Wahrheit und an die Magie des richtigen Worts.«

Den Rest der Ferien verbringt er mit der Familie auf einem Bauernhof bei Besançon. Ende August trifft ihn ein neuer Schock: Baudelaire, geistig ausgebrannt und körperlich ein Wrack, stirbt mit 46 Jahren in Brüssel. Mallarmé trauert und überschaut voll Bitterkeit die *vita dolorosa* seines Meisters. Er wird später seine Poe-Übersetzung Baudelaire widmen. Er selbst hat Poe immer als seinen größten Meister bezeichnet, doch verdankt er Baudelaire wahrscheinlich mehr: Von Poe hatte er die Gedanken, aber von Baudelaire den Mut, diese Gedanken zu denken und zu leben.

Fern von der Poesie

Wie schwer es ist zu denken, ohne zu seufzen!
Paul Valéry

Im Herbst 1867 schickt Mallarmé an Villiers, der Chefredakteur der Zeitschrift ›Revue des Lettres et des Arts‹ geworden ist, vier weitere Prosagedichte: ›Blasser Bettlerjunge‹, ›Winterfrösteln‹, ›Herbstklage‹, ›Andenken‹, die noch in Tournon entstanden sind. Der Unterschied zwischen diesen traumhaft leicht dahinschwebenden Prosagedichten und dem ›Hérodiade‹-Fragment, auch zu den Briefen, die Dokumente seiner Krise sind, ist kraß. In den Gedichten ist ebenfalls Verzweiflung enthalten, aber sie nimmt fast zärtliche Töne an. Es sind Texte wie aus einem Jenseits des Lebens, geschrieben von einem Toten, der sich wehmütig an einige Augenblicke seines Lebens erinnert.

Das Prosagedicht, Lyrik in nicht gebundener Form, wie sie erstmals der fast vergessene Aloysius Bertrand in seinem ›Gaspard de la Nuit‹ verwendete, entstand im 18. Jahrhundert im Zuge der *déversification,* als man Prosaübersetzungen antiker und mittelalterlicher Gedichte anfertigte. Baudelaire, angeregt von Bertrand, entwickelte es in seinen ›Petits poèmes en prose‹ zur eigenständigen lyrischen Form weiter, wobei er auch den kritischen Ton vorgab. Durch Baudelaire wird nun Mallarmé so wie wenig später Rimbaud und Lautréamont zu eigenen Versuchen angeregt. Vielleicht bot ihm die freie Form des Prosagedichts in den Jahren der Krise die Möglichkeit, sich von seinen allzu strengen und anstrengenden Experimenten kritisch – und das ist bei ihm oft ironisch – zu distanzieren. Für diese Annahme spricht, daß er später nur noch wenige

In den sechziger Jahren des 19. Jahrhunderts entstanden die großen realistischen Romane der Brüder **Edmond** (1822–1896) und **Jules Goncourt** (1830–1870). ›Germinie Lacerteux‹ (1865) löste eine Sensation aus, denn anhand der Hauptfigur, einer Dienstbotin, wird ein sehr realistisches Bild der zeitgenössischen Gesellschaft gezeichnet. Bereits einige Jahre zuvor (1857) hatte Gustave Flaubert seinen stellenweise stark dokumentarischen Roman ›Madame Bovary‹ geschrieben. Stark beeinflußt durch die Brüder Goncourt ist Emile Zola (1840–1902), der ab 1871 seinen naturalistischen Romanzyklus ›Die Rougon Macquart‹ veröffentlicht.

Prosagedichte geschrieben hat. Viele haben das bedauert, denn nirgendwo in seinem Werk ist Mallarmé mehr Magier als in diesen Texten, die an die Prosagedichte der ›Illuminations‹ von Rimbaud erinnern. Auch sie haben diesen seltsam schwebenden, unentschiedenen Zwischenton.

Anfang Oktober wird Mallarmé an das Gymnasium in Avignon versetzt. Das ist noch nicht Paris, wohin er will, aber ein großer Schritt dem Ziel entgegen. Mallarmé ist entzückt und neu belebt. Die Atmosphäre der alten Päpstestadt unter dem Azurhimmel des Südens, wo auch die Freunde Aubanel, Brunet, Mistral und Roumanille wohnen, erfrischt und begeistert ihn. Aber wieder fallen die Schrecken des Umzugs in den Herbst, und kaum in der Stadt angekommen, erkrankt Mallarmé an einer Lungenentzündung. Selbst die Großmutter eilt aus Versailles herbei, um der Familie beizustehen. Mallarmé schreibt, was bei ihm selten ist, schlechtgelaunte Briefe an die Freunde. Cazalis, der ihm, vielleicht zum Trost, seinen ersten Lyrikband ›Melancholia‹ ans Krankenbett schickt, antwortet er mürrisch, er fühle sich »fern von der Poesie.« Nur widerwillig öffnet er den Band, ist dann aber doch angetan.

Im April ist er wieder auf den Beinen, und im Mai schreibt er an Lefébure: »Ich habe Augenblicke, die nahe am Wahnsinn sind … Ich stecke in einer Krise, die so nicht weitergehen kann.« Aber es rührt sich etwas in ihm, ein Sonett, von dem er bisher nur den Reim auf *ix* und das Wort *ptyx* gefunden hat, und von Lefébure möchte er wissen, ob es dieses Wort gibt. Er hofft, daß es in keiner Sprache existiere, denn dann könnte er es selbst »erschaffen durch die Magie des Reims.«

Im Juli schickt er das fertige Sonett, das zunächst ›Allegorisches Sonett auf sich selbst‹ heißt und in der letzten Fassung keinen Titel mehr hat, an Cazalis für einen vom Pariser Verleger Lemerre geplanten Band mit Sonetten und Radierungen, in dem es dann nicht erscheinen wird. Es ist sein erstes Gedicht seit der ›Hérodiade‹-Kri-

Seit zwei Jahren habe ich die Sünde begangen, den Traum in seiner idealen Nacktheit zu sehen, während ich zwischen ihm und mir ein Geheimnis aus Musik und Vergessen hätte auftürmen sollen. Und jetzt habe ich bei der schrecklichen Vision eines Reinen Werks fast den Verstand und den Sinn für die vertrautesten Wörter verloren.

An François Coppée, April 1868

se, und »wenn man es mehrmals leise vor sich hin sagt, stellt sich eine ziemlich kabbalistische Empfindung ein«, sagt Mallarmé. Das Gedicht kreist um das rätselhafte Wort *ptyx*, das griechischen Ursprungs ist und eine Muschel bezeichnet, die man ans Ohr hält, um das Meeresrauschen zu hören. Es ist die vollkommene Illustration einer Poesie, die den Sinn ganz aus sich selbst schöpft, eine »subjektive und reine Poesie«, von der Mallarmé schon in seinem Ketzer-Essay geträumt hat, ganz im Sinne von Novalis, dem Gedichte »bloß wohlklingend und voll schöner Worte, aber auch ohne allen Sinn und Zusammenhang« vorschwebten. Man könnte, wenn man Schubladen mag, das Sonett als das erste wahrhaft symbolistische Gedicht bezeichnen: eine rein symbolische Potenz, ein Wirklichkeitskonzentrat, das der Leser in sich selbst zur Entfaltung bringen muß, eine Hieroglyphe, die er entziffern, ein Geheimnis, zu dem er den Schlüssel finden muß. Anders als der von der Poesie bereits enttäuschte Rimbaud, der den Dichter, nachdem er ihn zum Sehergenie erhoben hat, als »Fachmann für Wahngebilde« verächtlich macht, strebt Mallarmé nach den Ego-Krämpfen der ›Hérodiade‹ eine dialektische Poesie an, denn sie fordert das Du, die Teilnahme. Ohne sie bleibt das Gedicht ein platonischer Schatten an der Wand.

Der Dichter Mallarmé mag sich auch in Avignon einsam fühlen, als Bürger ist er es nicht. Die Familien Mallarmé, Brunet und Aubanel flanieren durch Avignon (wo auch Petrarca gelebt hat) und betrachten die Sehenswürdigkeiten. Aubanel erzählt von seinem mühsamen und gefahrvollen Aufstieg zum nahen Mont Ventoux, eine Gegend, in der es damals noch Wölfe gab. Leider ist es in Avignon zu heiß zum Denken, und Mallarmé sehnt sich nach Winter, Schnee und Nebel.

Um sich nach ›Hérodiade‹, mit der er nicht weiterkam, eine Pause zu gönnen, hatte er noch 1865 in Tournon mit der Arbeit an ›Nachmittag eines Fauns‹ begonnen, doch es bedurfte mehrerer

Zuhöchst emporgereckt der Onyx-
krallen Wut,
bannt Angst, als Leuchte noch um
Mitternacht beschworen,
manch Abendtraum wie ihn ent-
flammt des Phönix Glut
die nie erlöschen wird als Asche in
Amphoren

auf einem Seitentisch im leeren
Saal: hier ruht
auch keiner Muschel Tand als
Klang nichts für die Ohren,
der Meister schöpft im Styx mit ihr
der Tränen Flut
die einzig sich das Nichts als höch-
stes Gut erkoren – ...

Aus ›Allegorisches Sonett auf sich selbst‹

18 ›L'Apres-Midi d'un Faune‹ (Der Nachmittag des Fauns), Gemälde von Pierre Bonnard (1867–1947)

Anläufe, das lange Rollengedicht in Alexandrinern zu vollenden, nachdem sich Pläne einer Aufführung am Théâtre Français zerschlagen hatten. Wann genau die heute vorliegende Fassung entstand, ist nicht bekannt, womöglich erst kurz vor der Veröffentlichung im Jahr 1876. Die gewählte Form unterscheidet sich deutlich vom damals bei den Parnasse-Dichtern beliebten Versdrama, das Ganze ist zu ironisch, fast eine Satire, doch keine lateinische *satira* – ursprünglich eine Fruchtschüssel als Gabe an die Götter –, sondern ein griechisches Satyrspiel, dessen Possen den Theaterbesucher nach dem Ernst der Tragödie wieder zurück in seinen Alltag führen sollten. Genauso sollte, nach der tragischen ›Hérodiade‹, der ›Faun‹ Mallarmé wieder zurück in seinen Alltag führen. Nachdem in ›Hérodiade‹ jede Sinnlichkeit mit etwas pubertärer Schroffheit zurückgewiesen wird, läßt Mallarmé in diesem Hirtengedicht, das schon damals heftigen Spott hervorrief, seinem ›Faun‹ von zwei

Das ursprünglich für das Theater gedachte lange und ironische Rollengedicht ›Nachmittag eines Fauns‹ wurde 1892 von Mallarmés Freund Claude Debussy als »symphonisches Vorspiel« mit dem Titel **›Prélude à l'après-midi d'un faune‹** vertont.

War meine Liebe bloß ein Traum?
Mein Zweifel, geballte alte Nacht, verliert sich
In manch zartem Zweig, der, Überrest der wahren
Wälder, bezeugt, daß ganz allein ich war beim
Fest des falschen Ideals der Rosen. *Aus ›Nachmittag eines Fauns‹*

Nymphen ein Liebesfest bereiten. Mallarmé ist immer ein aufrichtiger, »authentischer« Dichter gewesen, er hat zwar Empfindungen geheuchelt oder simuliert (wie die falschen Tränen auf den Briefen an Marie), aber man kann nur das heucheln, was man erfahren hat. Und seine Erfahrungen mit der Liebe zum anderen Geschlecht waren begrenzt, aber nachhaltig: Er liebte die Mutter und die Schwester, und beide starben, so könnte man sagen, noch im Nymphenalter. In Marie und der kleinen Geneviève sind sie reinkarniert, doch die sinnliche Liebe zu Marie ist bald abgestorben. Man könnte einwenden – und hat es auch getan –, diese Beziehungen seien inzestuös, krankhaft und keine ›echten‹ Liebeserfahrungen, doch das bedeutet wenig bei einem Dichter wie Mallarmé.

Die Liebe, mag sie nun antik als pantheistische Verschmelzung von kreativem Geist und empfangender Natur, romantisch als Vermählung von *animus* und *anima* oder ›modern‹ als Inzest daherkommen, sie funktioniert nicht mehr, schlägt keine Funken im Bereich der Poesie, ist ein »Fest des falschen Ideals der Rosen«. Der Dichter kann sie nur noch in einen poetischen Traum verwandeln oder, wie ein Psychiater es ausdrücken würde, sie sublimieren und so aus dem Gebüsch der Triebe in höhere Gefilde führen.

Im Februar 1869 kommt es zu einem schweren Rückfall und einer neuen Nervenkrise: Mallarmé diktiert Marie einen Brief an

19 Nymphen. Illustration zu ›Nachmittag eines Fauns‹. Holzstich von Edouard Manet, 1876

Cazalis, weil er sich unfähig fühlt zu schreiben: »Ich bin augenblicklich in einer einzigartigen Phase. Ich habe sehr beunruhigende, durch das Schreiben selbst verursachte Symptome gefühlt, und die Hysterie führte zu Sprachstörungen.«

Nach dieser Diagnose macht er sich wieder an die Arbeit und versucht, »einen neuen Menschen« in sich selbst zu formen, und zwar einerseits durch eine Art von Privatarchäologie, die er scherzhaft seine »Ägyptologie« nennt, andererseits durch das Studium der Sprache. Ein Artikel von Mendès über ihn in ›La Vogue Parisienne‹ gibt ihm Selbstvertrauen zurück, und im November 1869 schreibt er an Cazalis: »Ich sage Dir nur ein Wort über meine Arbeit, mit der ich mich nächsten Sommer trage: Es geht um ein Märchen … Wenn es fertig ist, werde ich geheilt sein: similia similibus.« Mallarmé interessiert sich immer stärker für die Sprachwissenschaft und denkt sogar an eine Doktorarbeit, er treibt wieder Latein- und Griechischstudien und bemüht sich um einen privaten Englischkurs für junge Damen.

Anfang 1870 fühlt er sich nicht mehr imstande, den Schuldienst zu leisten. Versehen mit einem ärztlichen Attest, stellt er einen Antrag auf Beurlaubung aus gesundheitlichen Gründen. Dem Antrag wird stattgegeben, und vom 21. Januar 1870 bis zum 20. September 1871, also ganze anderthalb Jahre, ist Mallarmé vom Unterricht befreit; sein Gehalt wird fortgezahlt.

Anfang August – Frankreich hat Deutschland am 19. Juli den Krieg erklärt – machen Mendès, Julie Gautier (Tochter Gautiers und künftige Frau von Mendès) und Villiers nach ihrer Rückkehr von einem Besuch Richard Wagners im schweizerischen Tribschen Station bei dem einsamen Dichter in Avignon. Sie schwärmen von Wagner. Er ist für diese idealistischen Atheisten, die das Gespür für Blasphemien verloren haben, Verkünder und Erlöser in einer Person. Mallarmé kennt noch nichts von Wagners Musik. Er liest den Freunden Teile aus ›Igitur‹ vor. Mendès ist befremdet und

Der deutsch-französische Krieg begann für die Franzosen mit einer Serie von Niederlagen. Am 2. September 1870 wurde die unzureichend versorgte und von MacMahon schlecht geführte Armee in Sedan eingeschlossen und zur Kapitulation gezwungen. Napoleon III. geriet dabei in Gefangenschaft. Die Bevölkerung in Paris war tief besorgt über das Schicksal ihres Landes, das die Regierenden in die Katastrophe gestürzt hatten, und nutzte die Gelegenheit, vehement die Republik zu fordern. Schon am 4. September 1870 rief Léon Gambetta die dritte Republik aus, die bis 1940 bestehen blieb.

glaubt, daß Mallarmé sich in eine Sackgasse verrannt hat, vielleicht aufgrund seiner Kontaktarmut, der häuslichen Misere und provinziellen Enge. Villiers dagegen scheint begeistert.

›Igitur‹, ein Märchen im Sinne der ›Grausamen Märchen‹ von Villiers, ist der Versuch einer Selbstheilung. Nach dem Debakel der ›Hérodiade‹ versteht sich Mallarmé als Mystiker, Magier und besiegter Entdecker. Aber diesmal will er seiner künstlerischen Sterilität und Schaffensohnmacht mit wissenschaftlichen Methoden und dem Hegelschen Weltgeist zu Leibe rücken. ›Igitur‹ soll Vorbereitung sein auf ein großes Werk, das er auf später verschoben hat, aber wie ›Hérodiade‹ bleibt auch ›Igitur‹ Fragment. Die vier Bruchstücke sind Momente oder, besser gesagt, Akte eines inneren Dramas, wobei Mallarmé von vornherein die Möglichkeit einer Bühnenaufführung ausgeschlossen hat. Das Motto allerdings, das er seinem Werk gab, zeigt, daß er durchaus an eine Bühne dachte, aber die Rolle des Regisseurs, Schauspielers und Zuschauers übernimmt der Leser: »Diese Erzählung wendet sich an die Intelligenz des Lesers, die selber die Dinge in Szene setzt.«

Held des Märchendramas ist der junge Igitur – das zweite Kapitel der Genesis beginnt mit »Igitur perfecti coeli et terra« –, der Letzte des alten Geschlechts der Elbehnon (hebräisch: Sohn der Elohim), der wie Hérodiade, nur ohne Amme, allein in einer prunkvoll verschlissenen Schloßkulisse haust. Er ist ein moderner Hamlet – für Mallarmé die Quintessenz des Dramas –, der durch ein »krankhaftes Streben nach Vollkommenheit« gefährdet ist und sich nach dem reinen, zeitlosen, absoluten Sein, nach Urreinheit jenseits des Kreislaufs von Geburt und Tod sehnt. Auch das Mobiliar erinnert an ›Hérodiade‹: Eine Gipsbüste der Pallas Athene, schwere Wandbehänge und Spiegel sind Symbole der geronnenen Vergangenheit, »die als Gefühl des Endlichen auf ihm lastet«. Der erste Teil ist eine lange Nachtmeditation des Helden, ausgehend vom Symbol der Mitternacht, der Scheide zwischen dem Nicht-

In der Luft liegt heutzutage eine bislang unbekannte Dosis Unheil und Wahnsinn. Und das alles, weil sich vor fünf Wochen eine Handvoll Dummköpfe für beleidigt erklärt und die moderne Geschichte mißverstanden hat, die aus anderem besteht als aus diesem kindischen Kram. Nie habe ich die Dummheit mehr verachtet.

Über den Deutsch-Französischen Krieg an Frédéric Mistral, September 1870

Mehr und Noch-Nicht des Tages. In diesem Zeitvakuum, das die Vision eines von der Zeit unabhängigen Raums ermöglicht, ereignet sich reines Sein und »absolute Präsenz der Dinge«. Zwei weitere Symbole, die brennende Kerze und »die Blässe eines aufgeschlagenen Buchs auf dem Tisch« – die Familienchronik seiner Ahnen, in der Igiturs Seite leer ist und auch, sein Ideal will es so, leer bleiben soll –, zeigen die Abhängigkeit des Helden von den Ahnen, denen er zu entkommen sucht. Erinnern wir uns, daß Mallarmé schon früh die Möglichkeit hatte, sein eigenes, ihm seit der Geburt zugedachtes Schicksal im Spiegel der Existenzen seines Vaters und Großvaters zu betrachten. Nicht umsonst ist bei ihm der Spiegel das Hauptsymbol der Selbsterkenntnis. Igitur will also keineswegs, nach Art des Kaspar Hauser, »ein solcher werden wie mein Vater einer gewesen ist«.

In der zweiten Szene verläßt Igitur »das Zimmer der Zeit« und steigt eine Treppe hinab in die Gruft der Ahnen. Dieser Abstieg ist als archäologische Annäherung an die eigene und die Gattungsgeschichte wiederum eine eindeutige autobiographische Spiegelung der Krise Mallarmés und seines Selbstheilungsversuchs. Der Gang des sich spiralförmig wie eine Treppe windenden Denkens wird dabei von vagen Geräuschen bestimmt: Schlag der Uhr, eines Pendels, eigener Herzschlag, der Klang der Schritte auf dem Boden oder der Flügelschlag eines Nachtvogels. Die mit hoher Sprachkunst gestaltete Passage suggeriert in flüchtigen Schattenbildern den Abstieg in die menschliche Phylo- und Ontogenese: Platos Höhlenbewohner, dem die Flucht aus der Höhle gelungen ist, kehrt freiwillig wieder in sie zurück.

Das Bewußtsein des eigenen Selbst – ein ungeliebtes Erbe seiner Ahnen, das ihn zum »reinen Schatten« gemacht hat – ist wie Descartes' »Ich denke, also bin ich« für den vom Denken und Schürfen im eigenen Ich zermürbten Dichter des ›Igitur‹ nichts anderes

Mein Gehirn, durch den Einfall des Traums, verweigerte sich seinen äußeren Funktionen, die es nicht mehr erregten, und drohte zugrunde zu gehen an seiner ständigen Schlaflosigkeit; ich habe die Große Nacht angerufen, die mich erhört und mir ihr Dunkel geöffnet hat. Die erste Phase meines Lebens ist zu Ende. Das von Schatten überwucherte Bewußtsein wacht langsam wieder auf, formt einen neuen Menschen und muß danach meinen Traum wiederfinden. Das wird einige Jahre dauern, in denen ich das Leben der Menschheit von der Kindheit bis zur Selbstbewußtwerdung nacherleben muß.

An Cazalis, 1869

> Ich mag dieses Geräusch nicht: diese Perfektion meiner Gewißheit ist mir lästig: alles ist zu hell, die Helligkeit zeigt den Wunsch zu fliehen; alles ist zu leuchtend, ich möchte zurück in meinen gestaltlosen früheren Schatten und durch das Denken die Verkleidung abstreifen, die mir der Zwang aufgenötigt hat, das Herz dieser Ahnen zu bewohnen. *Aus ›Igitur‹, 1869*

als eine Falle, die das Subjekt in ein Schicksal schlägt, das ihn sich selbst entfremdet. Auch das auf das Höchste zielende Denken ist immer schon ererbtes, eingesagtes Denken: »Ich ist ein Anderer«, sagt Rimbaud.

In der dritten Szene legt Igitur, dessen Name seiner hamletschen Unentschlossenheit spottet, den Ahnen einen Rechenschaftsbericht über sein Leben vor, wie er ungünstiger nicht sein kann: ein neurotisches Leben voller Leere, Weltekel, Überdruß und Warten auf das Absolute. Doch anders als Hérodiade, die nach einer vom Irdischen geläuterten Reinheit strebt, möchte Igitur eine Reinheit, die sich im Irdischen läutert; ein »Übermensch« (Nietzsche) will er nicht sein.

In der vierten Szene – Keimzelle des Alterswerks ›Ein Würfelwurf wird niemals den Zufall aufheben‹ – befindet sich Igitur in der Familiengruft, um den Akt des Würfelwurfs zu vollziehen, damit, wie eine alte Prophezeiung sagt, sein Geschlecht weiterleben kann. Aber Igitur zögert, in dem Bewußtsein, daß selbst die Überwindung des Zufalls durch das Würfeln der höchsten Zahl Zufall wäre, aber auch, weil eine Seite seines Wesens ihn gar nicht überwinden will, und so simuliert er den Wurf nur. Aber schon wer die Würfel schüttelt, nimmt alle möglichen Ergebnisse, also auch den vollkommenen Wurf, vorweg. Im französischen Original erlaubt zudem ein Wortspiel zwischen *absolu* und *absou* dem Helden, seine Pflicht gegenüber den Ahnen dennoch zu erfüllen, denn das Verbum *absoudre* und das Substantiv *absolu* haben dieselbe lateinische Wurzel *absolvere*, und das bedeutet einerseits befreien, loslö-

> Während meines ganzen Lebens war meine Seele auf die Uhr gerichtet. Jedenfalls habe ich alles getan, damit die von ihr verkündete Zeit im Zimmer gegenwärtig bliebe und mir Nahrung und Leben würde – ich habe die Vorhänge zugezogen, und da ich, um nicht an mir zu zweifeln, mich vor diesen Spiegel setzen mußte, habe ich gewissenhaft die kleinsten Teilchen der Zeit in immer dichter sich füllende Stoffe gesammelt. – Die Uhr hat mir oft sehr geholfen.
>
> *Aus ›Igitur‹, 1869*

sen, lossprechen und begleichen, andererseits etwas erfüllen und vollenden. Obwohl er den Würfelwurf nur simuliert, muß Igitur am Ende sterben, weil er, trotz des Heimwehs nach seinem Körper, den Wahn seiner Ahnen, die Sehnsucht nach Reinheit und Vollkommenheit, teilt: »Auf den eingeäscherten Gestirnen, der Gemeinschaft seiner Ahnen, lag die beklagenswerte Gestalt, gebettet, nachdem sie den Tropfen des Nichts getrunken hatte, den kein Meer birgt.«

Aber Mallarmé stirbt nicht, obwohl die Versuchung zum Selbstmord in diesen Jahren heftig ist. Er hat das Absolute – in einem »Würfelwurf«, in einem gelungenen poetischen Werk – gesucht und das Nichts gefunden. Aber er hat auch eine neue Erkenntnis gewonnen, die es ihm erlaubt, als Dichter weiterzuleben: Wenn in der Möglichkeit, in der Simulation das Ideal potentiell enthalten ist, kann es auch geschaffen werden. Die Schöpfung schwankt nicht länger zwischen den manichäischen Polen des Lichts und des Nichts. Das Absolute ist vielleicht nur ein Weg, den man gehen, und das Ideal ein »Würfelwurf«, eine Arbeit, die man (aus)üben muß. Anfang März 1871 kann er an Cazalis schreiben: »Ich werde wieder ein ganz einfacher Literat sein. Mein Werk ist kein Mythos mehr.« Geheilt vom Weltgeist- oder Ecce-homo-Wahn wird seine Kunst, für eine Weile, eine »glorreiche Lüge« sein.

Paris, Hälfte des Lebens

Wir suchen überall das Unbedingte,
und wir finden immer nur Dinge.
Novalis

Anfang Februar 1871 erreicht Mallarmé die Nachricht, daß der Maler Henri Regnault, der Freund seiner Jugend, der schon auf den ersten Ausflügen nach Fontainebleau dabei war, bei der Belagerung von Paris durch die Deutschen gefallen ist. Mallarmé ist bis ins Mark getroffen. Sofort schreibt er an Cazalis und fordert ihn auf, zum Gedenken ihres Freundes einige Seiten zu schreiben, »die sagen, was er nicht getan haben wird«. Normalerweise spricht man bei einem solchen Anlaß genau vom Gegenteil, nämlich davon, was der Verstorbene in seinem Leben getan hat, aber wie sich selbst mißt er auch den Malerfreund nicht am Erreichten, sondern an dem, was er sich erträumte. Einen Monat später versucht er, den verzweifelten Freund auf eine merkwürdig kabbalistische Weise zu trösten: »Es gibt nur ein Mittel, unseren Bruder zu rächen, zu versuchen, daß das nicht wiedergutzumachende Verbrechen weniger unwiderruflich ist. Besteht es nicht darin, daß wir ihn in unseren verschiedenen Naturen inkarnieren? Das geht! ... Wie hat er den Tod gefunden? Ich glaube, es war eine Kugel, die mich manchmal ganz unerwartet mitten ins Herz trifft und in Tränen ausbre-

Die Lage [in Paris während der Belagerung durch deutsche Truppen] verschlimmert sich täglich. Zuerst werden die Bären und Elefanten des Jardin-des-Plantes geopfert und ihr Fleisch als Delikatesse an die Reichen verkauft. Bald folgen die graziösen Antilopen, die Känguruhs, die Kasuare, die Kormorane und andere Tiere und Vögel mit exotischen Namen ... Kein Vogel singt mehr in Paris. Selbst die Spatzen fliehen aus der Stadt. Hundefleisch kostet vier Francs das Pfund. Seit dem 9. November ... werden Ratten für 2,50 Francs das Stück verkauft ... Nicht nur der Krieg tötet. Der Mangel an Hygiene, an normaler Nahrung kann epidemische Erkrankungen hervorrufen, die durch fehlende Pflege rasch zum Tod führen. Im August starben in Paris 4942 Personen, eine normale Ziffer. Im September waren es schon 5222, im Oktober 7543 und im November 8238. Im Januar 1871, im letzten Monat der Belagerung, werden 19223 Todesfälle registriert.
Nachwort zu ›Die Gesänge des Maldoror‹ des Comte de Lautréamont

chen läßt.« Wieder einen Monat später schreibt er: »Ich bin nicht wirklich traurig bei dem Gedanken, daß Henri sich für Frankreich geopfert hat und daß dieses nicht mehr ist. Sein Tod ist reiner gewesen. Es wird mehr Ewigkeit als Geschichte in dieser einzigartigen Tragödie gegeben haben.« – Das ist Heldentum nach Mallarmés Geschmack: sich für eine Sache opfern, die man verloren weiß, und dem Irdischen den Spiegel des Überirdischen vorhalten. Offenbar ist er vom Wahn Igiturs noch immer nicht ganz kuriert.

Im belagerten Paris herrscht Hungersnot, man ißt Ratten und Zootiere. Im November 1870 stirbt, von Hunger und Armut geschwächt, in einer elenden Hotelabsteige der Comte de Lautréamont, bürgerlich Isidore Ducasse, im Alter von 24 Jahren an Typhus. Als Zweiundzwanzigjähriger, während Mallarmé an ›Igitur‹ schrieb, hatte Ducasse den wohl düstersten Nachtgänger der Literaturgeschichte, Maldoror, erschaffen.

In Avignon ist Maria wieder schwanger; Mallarmé möchte nach Paris umziehen und läßt von den Freunden die Möglichkeiten für ein Leben dort erkunden. Am liebsten wäre ihm der Posten eines Bibliothekars oder Archivars, aber er wäre auch bereit, Übersetzungen aus dem Englischen zu machen, als Englandkorrespondent für Zeitungen zu schreiben oder private Englischstunden zu geben, bloß nicht mehr zurück ins Bagno des Gymnasiums. Und noch immer macht er sich Hoffnungen auf eine Karriere am Theater. Die Verlobte von Regnault bemüht sich für ihn beim Verlag Hachette. Cazalis aber rät: »In diesem grauenvollen Erdbeben denkt jeder nur daran, seinen Kopf und sein Vermögen zu retten; warte ab. Das ist ein grausames Wort für dich, der immer nur gewartet hat!« Angesichts der familiären Probleme Mallarmés fragt sich der nach zahllosen Versuchen immer noch unverheiratete Freund, ob es für einen Dichter klug sei, zu heiraten und Kinder zu haben. Mallarmé antwortet ihm, wie immer, wenn es um solche Lebensprinzipien geht, in einem etwas belehrenden Ton: »Eine Frau vermag alles zu

In der neuen Pariser Umgebung bewegt sich Mallarmé anfangs noch recht schüchtern, doch ab und zu besucht er die zeremoniösen und pompösen Versammlungen bei Leconte, der den Hohenpriester spielt, und die Treffen bei Mendès, wo es ziemlich locker und wild zugeht. Unvermeidlich, daß auch Mallarmé in den Klatsch der Literaten hineingezogen wird. François Coppée vermerkt in seinem Tagebuch: »Mallarmé ist noch verrückter als vorher, ich werde noch ausführlicher auf ihn zurückkommen. Dieser exquisite Irre ist es wert. Hier notiere ich nur die beste Verrücktheit von gestern abend. Der Mond stört ihn. Er

20 Suppenküche während der Belagerung von Paris. Gemälde von Charles Henri Pille (1844–1897)

geben, schöne Blicke und Ruhe fern von allen Nöten. Aber die Kinder … in ihnen steckt eine Welt von Leiden, die uns im familiären Leben ganz in Beschlag nimmt: denn wir können nur die Väter unserer Traumerzeugnisse sein … Was diese Albernheit angeht, daß die Familie einen an der Arbeit hindert, o nein! Im Gegenteil, man findet nur hier die klösterliche Einkehr, und das in aller weltlicher Freiheit.«

Die Krise scheint überwunden, vielleicht aufgrund der Zeitumstände – Krieg, Bürgerkrieg, Verlust eines Freundes – und familiärer Nöte angesichts der bevorstehenden Geburt eines zweiten Kindes, gewiß auch durch die läuternde Wirkung von ›Igitur‹, der ihn vom Joch des Übermenschentums erlöst hat. Ende Mai verläßt er mit sei-

erklärt den Symbolismus der Sterne, deren Unordnung am Firmament ihm das Bild des Zufalls zu sein scheint. Aber der Mond, den er verächtlich ›dieser Käse‹ nennt, scheint ihm unnütz zu sein. Er träumt im Ernst von einer wissenderen Zeit der Menschheit, wo man ihn leicht mit chemischen Mitteln beseitigen kann. Ein einziger Punkt macht ihm Sorgen: das Aufhören von Ebbe und Flut, und diese rhythmische Umstürzung des Meeres ist notwendig für seine Theorie des Symbolismus des menschlichen Dekors. Ach Gott, ach Gott! Arme Menschenvernunft …«

ner Familie Avignon, wo er zum erstenmal von den Kollegen geschätzt und bei Schülern und Eltern sogar beliebt war. Der Rektor des Gymnasiums urteilt über ihn, der gerade dem Wahnsinn und Selbstmord entronnen ist: »sanft, ausgeglichen, entschlossen, hochgebildet, gute Führung der Klasse und produktiver Unterricht.«

Die Familie fährt zunächst nach Sens zur Stiefmutter, wo Maria eine Lymphknotenentzündung auskurieren und bis zur Geburt des Kindes bleiben will. Mitte Juli wird der Sohn Anatole geboren. Einer Tante, die der siebenjährigen Geneviève den ersehnten Bruder präsentiert, stellt diese eine Frage, die Hérodiade entzückt hätte: »Weiß Mama es schon?« Kurz danach fährt der sorgenvolle Vater nach London zur Weltausstellung, um sich als Zeitungskorrespondent zu versuchen. Er schreibt ein paar Artikel, macht Schulden. Seine Frau schreibt ihm: »Heute leide ich noch größere Qualen, armer Freund, und ich kann dir nicht einmal helfen ... Was tun? Ich weiß nicht ein noch aus ... Ich leide darunter, dir nicht das schikken zu können, was du brauchst; ich habe selbst nur noch ein paar Francs im Geldbeutel.« Mallarmé kehrt nach Paris zurück, das gerade gnadenlos mit den Kommunarden abgerechnet hat, wo er sich auf Wohnungssuche begibt und von Cazalis, Mendès und Banville herzlich empfangen wird.

Mallarmé ist 29 Jahre alt. Was hat er vorzuweisen? Er hat Gedichte und Artikel in kurzlebigen Literaturzeitschriften veröffentlicht, kein einziges Buch, nicht einmal einen schmalen Gedichtband. Die Freunde, die ihn begrüßen, haben sich in der Welt der Literatur schon einen Namen gemacht. Dank ihrer Verbindungen wird der beurlaubte Lehrer Ende Oktober Lehrbeauftragter am berühmten Lycée Fontanes, und schon bald gibt er auch Stunden am Lycée Saint-Louis. Zunächst mißfallen ihm die Eitelkeit und frühreife Sicherheit der Pariser Schüler, doch dann lernt er ihre Wißbegier und geistige Aufgeschlossenheit schätzen. Mitte November bezieht die Familie eine Wohnung in der rue de Moscou, die *scène* von ›Héro-

Am 18. März 1871 kam es zum Aufstand der Pariser Nationalgarde gegen die Truppen der Regierung Thiers. Das war die Reaktion auf die von Thiers akzeptierte Kriegskontribution von 5 Milliarden Franc an Preußen und die Preisgabe von Elsaß-Lothringen. Die Regierungstruppen flohen in Panik nach Versailles. Am 19. März wählte das Zentralkomitee der Nationalgarde den Rat der Kommune und übergab diesem sofort die Regierungsgewalt. Da die Kommune nicht imstande war, eine wirksame Führung zu organisieren, wurde sie nach verlustreichen Kämpfen am 28. Mai 1871 von den Regierungstruppen geschlagen.

diade‹ erscheint in der zweiten Serie des ›Parnasse contemporain‹, die schon für März 1870 geplant war und wegen des Krieges verschoben wurde. Aber auch auf den Beginn des Pariser Lebens fällt ein Schatten: Lefébure, der verheiratet ist, besucht ihn mit einer Geliebten. Mallarmé reagiert gekränkt und verbittet sich in Zukunft solche Besuche. So endet nach zehn Jahren eine intensive und fruchtbare Freundschaft. Die Gründe für diese Zimperlichkeit Mallarmés sind rätselhaft. Ist es die enge, spießige und prüde Provinz, die ihm noch in den Knochen steckt? Hat er Angst, daß die illegitime Beziehung seines Freundes seinem Ruf bei den Pariser Schulbehörden schaden könnte? Ist es familiäre Rücksichtnahme, oder vielleicht Neid? Keinen der drei Briefe des um Aussprache und Versöhnung bemühten Freundes hat er beantwortet.

Mallarmés schroffe Entscheidung, wegen einer Lappalie mit dem besten Vertrauten seiner Werke und Gedanken zu brechen, ist so überraschend, daß man annehmen muß, seine neue Existenz und seine neuen Pflichten in Paris erschreckten und bedrückten ihn. Erst 20 Jahre später, als Lefébures zwölfjähriger Sohn stirbt, schreibt er ihm wieder: »Wir sind niedergeschmettert und finden kein Wort des Trostes ... Soviel Einsamkeit, nun, in der Entfernung. Ich sage Ihnen nichts, nur daß ich Sie liebe. Eines Tages werden wir uns wieder sprechen. Ihr sehr alter Freund.«

Im März 1872 übersetzt er – in Prosa – Gedichte von Poe, die nach und nach in der Zeitschrift ›Renaissance artistique et littéraire‹ erscheinen. In Paris hat er all das, was er in der Provinz vermißte: Alles, was in der kleinen, aber bunten Welt der Literatur vor sich geht, erfährt er nun aus erster Hand. Gemeinsame Abendessen, bei denen heftig getrunken und schwadroniert wird, Dichterlesungen, Bankette sind die große Mode.

Bei einem dieser modischen Dichtertreffen, einem Essen der »Vilains Bonshommes« (›Ungehobelte Biedermänner‹), begegnet er Verlaine mit seinem gerade 16 Jahre alten Kumpan Arthur Rim-

Arthur Rimbaud (1854–1891) schrieb schon mit 15 Jahren bedeutende Gedichte. Seine Hauptwerke in Prosa sind ›Eine Zeit in der Hölle‹, wo er seine Freundschaft mit Verlaine und ihr Streunerleben poetisch gestaltet, und die Prosagedichte der ›Illuminationen‹, die Verlaine erst nach Rimbauds Tod herausgab. Vor allem diese magischen, nie auszuschöpfenden Prosagedichte haben die moderne Literatur bis auf den heutigen Tag nachhaltig geprägt. Rimbaud verließ, angeekelt vom Literaturbetrieb, mit 21 Jahren Frankreich und die Literatur und führte in Afrika ein unstetes Wander- und Händlerleben.

21 Arthur Rimbaud. Radierung von Coussens, um 1880

baud. Mit Verlaine, der als einer der führenden Parnasse-Dichter gilt, hat er schon ein paarmal korrespondiert, Rimbaud sieht er zum erstenmal. In seinem Essay über Rimbaud erinnert sich Mallarmé an die Begegnung: »Der Kerl war groß, gut gebaut, fast athletisch, mit dem vollkommen ovalen Gesicht eines verbannten Engels, unordentlichen kastanienbraunen Haaren und beunruhigend blaßblauen Augen ... Ich erfuhr, daß er schöne, noch unveröffentlichte Verse geschrieben hatte: Der Mund, schmollend und spöttisch, rezitierte keinen einzigen.«

Rimbaud, der Wunderknabe aus den Ardennen, wird von den Pariser Künstlern zunächst herzlich aufgenommen, man nennt ihn »ein Genie, das sich erhebt«, »Jesus unter den Schriftgelehrten« und bewundert sein junges Abenteurertum. Das ändert sich bald, denn der Wunderknabe gilt als gefährlich »wie einer, der aus einer Besserungsanstalt ausgebrochen ist«, als unangenehmer Zeitgenosse, »furchteinflößend«. Als er dann noch eine Dichterlesung mit einem lauten »Scheißdreck« kommentiert und, nachdem man ihn »Rotzlöffel« genannt und zum Schweigen aufgefordert hat, ausrastet und mit Verlaines Stockdegen einen der Anwesenden, den Fotografen Carjat, leicht verletzt, haben die offenbar doch recht zartbesaiteten »Vilains Bonshommes« von dem ungehobelten jungen Genie die Nase voll.

Von den Dichtern seiner Zeit steht Rimbaud Mallarmé wahrscheinlich am nächsten, doch während Mallarmé sich mit einem lei-

Nach dem Tod von Théophile Gautier kursieren viele Anekdoten in der Art wie die folgende: Ein junger Mann bittet ihn um die Hand seiner jüngsten Tochter, und Gautier ist nicht abgeneigt. Darauf der junge Mann: »Ich muß Ihnen allerdings etwas gestehen: Ich bin ein Kind der Leidenschaft.« – »Nun, sind wir nicht alle Kinder der Leidenschaft?« Daraufhin faßt sich der junge Mann ein Herz: »Ich muß Ihnen noch etwas beichten: Meine Mutter lebt in wilder Ehe mit einem Priester.« – »Na ja, was wollen Sie«, brummt Gautier, »das ist immerhin ein sehr ehrbarer Beruf.«

sen magischen Gesang selbst hypnotisiert und nach und nach in eine Poesie des Schweigens hineinträumt, zieht Rimbaud es vor, den Salon der Literatur türenknallend für immer zu verlassen.

Mallarmé annonciert einen privaten Literaturkurs für 20 Francs pro Stunde und Schüler – er denkt dabei eher an junge Damen aus gutem Haus –, zweimal die Woche, und führt die Wahrung der bedrohten literarischen Kultur als Begründung an. Endlich findet sich auch einmal eine positive Beurteilung seiner Arbeit als Lehrer: »Sein Unterricht ist sehr gut aufgebaut; er übt mit den Schülern viel Konversation, was diese lebhaft interessiert. Seine Disziplin ist fest und leicht. Er hat die Haltung und das Benehmen eines hochgebildeten Mannes. Seine Position ist interessant und sollte verbessert werden.« Dieses Lob wird die Ausnahme bleiben und keine Verbesserung seiner Lage bringen.

Im Herbst stirbt Théophile Gautier, und alle Welt, sogar des Dichters Katze, trauert um ihn. Für ein von Glatigny angeregtes Gedichtalbum soll jeder der Freunde einen Grabspruch zu Ehren Gautiers schreiben; Mallarmé begrüßt diese Idee und steuert einen Grabspruch bei, doch vorher beendet er noch einen Artikel über den Dichter Léon Dierx, mit dem ihn schon bald eine herzliche Freundschaft verbinden wird.

Im April stirbt Glatigny mit 34 Jahren an der Schwindsucht. Der Dichter, Schauspieler und Vagabund, der am Ende seines rastlosen und bettelarmen Lebens in Bayonne und in der Liebe zu einer Frau einen letzten sicheren Hafen gefunden hatte, kündigte Mallarmé seinen bevorstehenden Tod in einem Briefgedicht an, dessen Ton an Heine erinnert. Dieser groteske und tragische Clown hatte

22 Théophile Gautier. Lithographie aus ›Le Charivari‹. Gautier (1811–1872) war der Wortführer der gegen die Romantik rebellierenden Bürgerschreck-Generation des Jungen Frankreich. Seine von jedem romantischen Gefühl gereinigte strenge Ideenlyrik (›Emaille und Kamee‹, 1872) bereitete die Parnasse-Dichtung vor. Im Vorwort zu seinem Roman ›Mademoiselle de Maupin‹ verfaßte er das ästhetische Programm des *l'art pour l'art*.

die Familie Mallarmé mehrmals besucht und vor allem auf die kleine Tochter Geneviève Eindruck gemacht. Als der Vater ihr Glatignys Gedicht vorliest, geht sie in ihr Zimmer und schreibt auch ihm einen Brief. Den Umschlag adressiert sie »An den Prinzen des Azur«. Sie bittet den Vater, den Brief zur Post zu bringen, und Mallarmé nimmt seinen Hut, geht zum nächsten Briefkasten und wirft ihn ein mit den Worten: »Man weiß ja nie«.

Wie beim Tod Regnaults gibt sich Mallarmé einen Abend lang seiner Trauer und seinen Erinnerungen hin. Als er den Freund kennenlernte, hatte dieser gerade ein Duell hinter sich: »Ich kann Ihnen versichern«, schrieb er damals, »daß ich die Ehre der Dichter, die ich zu verteidigen hatte, würdig vertreten habe. Ich habe das Feuer meines Gegners abgekriegt, meine Pistole hat versagt. Ich durfte ein zweites Mal schießen und habe in die Luft gefeuert, auf die Gefahr hin, eine Wolke zu verletzen.«

Nina de Villard – Villiers hat sie in seiner Erzählung ›Der Tischgast der letzten Feste‹ in Gestalt der Schottin Susannah portraitiert –, eine der charmanten Jugendgespielinnen Mallarmés im Wald von Fontainebleau, hat in Paris gerade ihren Salon eröffnet, der zu einem der berühmt-berüchtigten Bohème-Salons der beginnenden Belle Epoque wird. Hier trifft sich, in einem an Geschrei grenzenden Tumult und einer gnadenlos kitschigen Kulisse, die man heute wohl postmodern nennen würde, der weniger förmliche Teil von *tout Paris*. Fett gewordene, verblühte Parnassiens, Musiker, die nicht mehr mit einem reden, wenn man ihren Abgott Wagner nicht kennt, Komplotte schmiedende Politiker, Journalisten auf der Jagd nach Schlagzeilen, Trinker und Hungerleider, die es nur auf das Büfett und die Getränke abgesehen haben, geistreiche Damen von Welt oder Halbwelt. Am Anfang trifft sich Mallarmé hier gern mit Verlaine, Villiers, Dierx, Charles Cros und anderen. Er betrachtet die schon ziemlich mollige, bleiche Nina mit ihren von dunklen Schatten umgebenen träumerischen Augen und vergleicht

Grabspruch für Théophile Gautier
Ein Riesenabgrund tut sich auf, wühlt sich aus den Nebeln,
herangepeitscht vom Zorn der ungesagten Worte,
das Nichts den Menschen, einst verschwunden, fragt:
»Du Gruß vom Horizont, o du, was bist du, Erde?«
So heult der Traum; und mit verwandeltem Klang
hallt wesenlos im Raum der Schrei: »Ich weiß es nicht!«

sie melancholisch mit dem jungen Mädchen von einst. Er selbst hat in den zehn Jahren seither unermüdlich das Ideal seiner Poesie, sie einzig ihr Vergnügen gesucht. War am Ende die Jagd nach dem Vergnügen anstrengender als die Suche nach dem Absoluten?

In den Sommerferien schickt Mallarmé seine Familie nach Camberg, er fährt allein nach Douarnenez in der Bretagne, um ungestört an seinem ›Grabspruch‹ für Gautier zu arbeiten. Er hat seit Jahren kein Gedicht mehr geschrieben, und er will sich auf keinen Fall vor den Dichterkollegen und dem seligen Gautier blamieren. In seinem Grabspruch, der das ganze leidvoll erfahrene Wissen der Krisenjahre enthalten soll, will er den Seher Gautier besingen. Ein Jahr zuvor hatte Rimbaud an seinen Lehrer den berühmten, erst später bekannt gewordenen ›Seherbrief‹ geschrieben, in dem es heißt: »Die erste Aufgabe des Menschen, der Poet werden will, ist die volle Kenntnis seiner selbst … Ich sage, es ist notwendig, Seher zu sein, sich sehend zu machen. Der Poet macht sich sehend durch eine lange, gewaltige und überlegte Entregelung aller Sinne. Alle Arten von Liebe, Leiden, Wahnsinn; er sucht sich selbst, er erschöpft alle Giftwirkungen in sich, um nur die Quintessenz zu bewahren.« Mallarmé hätte jedes dieser Worte unterschrieben.

Ende Oktober erscheint sein »Grabspruch« im ›Tombeau de Théophile Gautier‹. Mehr als 80 Dichter sind in diesem Band versammelt – Victor Hugo, Leconte de Lisle, Banville, Anatole France, auch Ausländer wie Swinburne –, doch Mallarmés Gedicht ist das mit Abstand beste und wohl auch schwierigste. Nicht zu Unrecht gerät Mondor über dieses Gedicht ins Schwärmen, denn es markiert, trotz einfacher Reimtechnik, einen schwindelerregenden Höhepunkt von Mallarmés Poesie. Mit einem Mal gilt er als Pionier und Sprecher des längst im Abstieg befindlichen Parnasse.

Inzwischen ist Mallarmé, wahrscheinlich im Salon von Nina, auch Edouard Manet begegnet, dessen Atelier in der Nähe seiner Wohnung liegt; auf dem Heimweg von der Schule stattet er dem

23 Edouard Manet (1832–1883), Fotografie um 1870. Der Maler und Graphiker löste 1863 mit seinem ›Frühstück im Freien‹ und 1865 mit seiner ›Olympia‹ einen Sturm der Entrüstung aus. Durch seine Hellmalerei bereitete er den Impressionismus entscheidend vor.

24 Olympia. Gemälde von Edouard Manet, 1863. Das Gemälde wurde vom Salon 1865 angenommen, rief aber einen Skandal hervor. Es bedurfte zweier Aufseher, um das Bild vor den Stockhieben der empörten Besucher zu schützen.

Maler bald täglich einen kurzen Besuch ab. Die beiden auf den ersten Blick sehr unterschiedlichen Männer schließen Freundschaft.

Manet, vom Kunst-Establishment seiner Zeit abgelehnt und öffentlich beschimpft, steckt in einer Krise. Durch Skandale und böse Dauerangriffe – seine nackte »Olympia« hatte 1865 einen Tumult heraufbeschworen – ist sein Selbstbewußtsein so angeschlagen, daß er es kaum noch wagt, nach Modellen für seine Bilder zu suchen. Mallarmé liest ihm sein von Villiers bewundertes Prosagedicht ›Der Dämon der Analogie‹ vor, das gerade in der ›Revue du Monde Nouveau‹ von Charles Cros erschienen ist. Das Gedicht – das Manet allerdings nicht versteht – zeugt von intensiven grammatischen und linguistischen Studien Mallarmés; gleichzeitig ist es eine fast surreale und absurde Behandlung eines völlig unbe-

Seit 1876 verbrachte Mallarmé die Sommer in einem kleinen Bauernhaus in **Valvins**. Das große Zimmer mit Alkoven hatte einen Ausblick auf das Land, vom kleinen Arbeitszimmer aus sah man auf die Seine herab. Valvins war schon damals nicht mehr reines ›Land‹, auch andere Pariser Künstler und Intellektuelle haben es zu ihrer Sommerfrische gewählt. So war Mallarmé nie wirklich allein. Mochte er die Einsamkeit noch so sehr suchen, er brauchte – darin war er ganz Franzose – das Gespräch mit Geistes- und Seelenverwandten.

deutenden Gegenstands: ein Tagalptraum, wie Franz Kafka ihn geschrieben haben könnte.

Im April veröffentlicht er in der ›Renaissance‹ den Artikel »Le Jury de peinture pour 1874 et M. Manet«, in dem er den »Seherblick« seines Freundes rühmt und die Jury der seichten Akademiker scharf angreift, für die jede Abweichung vom anerkannten Kunstgeschmack, das heißt von ihrer routinierten Phantasielosigkeit, eine Gefahr ist.

Die Sommerferien verbringt er zum erstenmal in Valvins, das zu seinem Wohnsitz auf dem Land werden wird. In diesem Dorf nicht weit von Paris hat er das obere Stockwerk eines kleinen Bauernhauses an der Seine gemietet. Mallarmé macht Waldspaziergänge und Bootsfahrten mit seinem Nachbarn, dem Musiker Léopold Dauphin, und geht angeln. Heute kann man sich dort auf eine »Mallarmé-Bank« setzen und von einem »Mallarmé-Blick« die Aussicht auf die Landschaft des Dichters genießen.

In Paris bezieht die Familie eine neue Wohnung in der rue de Rome, um die sich heute zahllose Legenden ranken, und schon wenige Tage danach übernimmt Mallarmé – wahrscheinlich auf Betreiben von Mendès, dessen hektische Betriebsamkeit offenbar die Bestätigung durch andere braucht, die dasselbe tun, sicher aber auch aus einer Lust an weiblicher Travestie und an ausgefallenen Pseudonymen – die Redaktion der Modezeitschrift ›La Dernière Mode‹. Im Alleingang gibt er von September bis Dezember 1874 acht Hefte heraus. Als Mitarbeiter werden »die ersten Erzähler und Dichter der Zeit« gewonnen: Banville, Coppée, Alphonse Daudet, Mendès, Sully Prudhomme, Villiers, Zola. Die Themen der

25 Stéphane Mallarmé. Zeichnung von Henri Mondor, um 1873

Ein Verwandter Manets entdeckt am dreißigjährigen Mallarmé, den er im Atelier kennenlernt, eine Ähnlichkeit mit dem fast gleichaltrigen Nietzsche und beschreibt sein Auftreten: »Die Stimme Mallarmés war langsam und klangvoll. Die Wörter folgten aufeinander, mit größter Sorgfalt der richtigen Betonung. Die Geste war weit. Gebildet in des Wortes höchster Bedeutung, ergriffen von Philologie, beschwor er gern das heidnische Leben, baute die verschwundenen Olymps wieder auf und legte Wert darauf, sein Denken in Sätze von antiker Schmucklosigkeit zu fassen.«

Zeitschrift sind Theater, Reiten, Seebäder, erlesene Kochrezepte, Kleiderschnitte, Abendtoiletten, Blumenarrangements, Gesundheit, Rezepte, Stoffe, Lektüreempfehlungen für alle Gelegenheiten, Schmuck und Möbel. Außer den Illustrationen und den kurzen literarischen Texten stammen alle Beiträge von Mallarmé selbst; unter seinen zahlreichen Pseudonymen findet sich eine Marguerite de Ponty, eine Miss Satin, ein Küchenchef, eine elsässische Leserin, eine Mulattin namens Zizi, eine namenlose bretonische Schloßherrin und eine Farbige namens Olympe. Mallarmés Name taucht nur ein einziges Mal auf, als Übersetzer von Tennysons Gedicht ›Mariana‹. In dieser Zeit entsteht Mallarmés Vorliebe für den Fächer als Symbol des Schönen, das ein Kompositum aus erlesenen Elementen ist.

›La Dernière Mode‹ ist der subtilste Spiegel der beginnenden Belle Epoque, alle acht Nummern dieser Poesie der Mode und Eleganz wurden 1933 sogar ins Amerikanische übersetzt. Doch die Arbeit ist für Mallarmé nicht viel mehr als ein amüsantes und recht gut bezahltes Intermezzo. Die Zeitschrift erscheint im neuen Jahr zwar weiter, aber ohne Mallarmé, dessen Anspruch dem Leiter der Zeitschrift zu hoch war. Mit ihm gehen auch die anderen Mitarbeiter, das Blatt sinkt auf das Niveau der »Allzuvielen« (Nietzsche) und verschwindet aus der Zeitgeschichte.

Die Jugendfreunde Emmanuel des Essarts, der es ihm übelnimmt, daß er nicht auf der Mitarbeiterliste der Zeitschrift steht, und Henri Cazalis, der nicht mehr bereit oder fähig ist, dem Freund zu folgen, entfernen sich von Mallarmé. Cazalis, der Seelenfreund, schickt sich an, ein in adligen Kreisen gefragter Modearzt zu werden. In seinen autobiographischen Erinnerungen erwähnt er später den Namen Mallarmé kein einziges Mal.

Mallarmé überarbeitet den ›Faun‹ gründlich, der in

26 Mallarmés Arbeitszimmer in Valvins

27 Illustration zu ›Der Rabe‹ von Edgar Allan Poe. Zeichnung von Edouard Manet, 1875

diesem Winter seine endgültige Form annimmt. Zwischen der Erst- und Letztfassung liegen zehn Jahre, in denen auch der Faun älter und reifer geworden ist. Aus dem in seiner gerade erst entdeckten Sinnlichkeit unsicher schwelgenden Faun ist ein melancholischer Philosoph geworden. Die Sprache der Endfassung hat sich vom Lokalkolorit befreit, ist allgemeiner, musikalischer, symbolischer geworden.

Im Juni erscheint, in einem riesigen Format, Mallarmés Übersetzung des Poems ›Der Rabe‹ von Poe, die Manet mit wunderbaren Zeichnungen illustriert. Das Monstrum findet nur ganz wenige Käufer und ist ein herber Verlust für den Verleger, der sich gezwungen sieht, das schon angekündigte Erscheinen weiterer Werke des Teams Mallarmé-Manet zu widerrufen. Von Swinburne, der eines der wenigen Exemplare ergattern konnte, kommt ein begeisterter Brief: »Ich habe gerade mit lebhaftem Interesse diese herrlichen Seiten durchblättert, wo der erste Dichter Amerikas, dank der Zusammenarbeit von zwei großen Künstlern, gleich zweimal so vollkommen übersetzt worden ist.«

Mallarmé schickt den überarbeiteten ›Faun‹ an den ›Parnasse contemporain‹, dessen dritte Anthologie in Vorbereitung ist. Um die Mitarbeit an diesem Heft kommt es zu einem unerfreulichen Gerangel und Intrigenspiel, denn die von Anatole France und dem

Anatole France (1844–1924) begann als vom Parnasse und Naturalismus beeinflußter Lyriker und Dramatiker, der sich schon bald dem realistischen Gesellschaftsroman zuwandte. Als Mitarbeiter am ›Parnasse contemporain‹ lehnte er Mallarmés ›Nachmittag eines Fauns‹ ab. Auch äußerte er sich kritisch über den Symbolismus. Sein bedeutendstes Werk ist wohl der vierbändige Romanzyklus ›Geschichte der Gegenwart‹ (1896–1901), der die französische Gesellschaft zur Zeit der Dreyfus-Affäre sarkastisch beleuchtet. Für sein Gesamtwerk erhielt er 1921 den Nobelpreis.

Verleger Lemerre beherrschte Jury lehnt nicht nur den ›Faun‹, sondern auch die Beiträge von Leconte und Verlaine ab, beide bisher unangefochtene Meister des Parnasse. Selbst den immer sanftmütigen Mallarmé packt der Zorn: »Ich habe in meinen Rocktaschen wahrhaftig Revolver entsichert, die gar nicht da waren.« Zum erstenmal erfährt er am eigenen Leib, wie schäbig und niederträchtig es in der Pariser Literatenwelt zugehen kann: »Hätte ich die Sache anders genommen … hätte ich den drei Jury-Mitgliedern, wer immer sie seien, ein paar Ohrfeigen und einen Tritt in den Hintern verpassen müssen.« Anatole France soll seine Ablehnung des ›Faun‹ so begründet haben: »Man würde uns auslachen.« Das Heft wird zu einer Parade der Mittelmäßigkeit und zum unrühmlichen Schwanengesang der Parnasse-Dichtung.

In der ersten Ausgabe der neuen Zeitschrift ›La République des Lettres‹, deren Chefredakteur Mendès ist, erscheinen vier Prosagedichte von Mallarmé aus der Zeit in Tournon. Auch der ›Faun‹, »dessen Nachmittag zur ewigen Nacht zu werden droht«, erscheint dort, wieder illustriert von Manet, am 10. April 1876, ein schmales Werk von nur wenigen Seiten. In seiner neuen Zeitschrift feiert Mendès das Werk: »Das Gedicht erzählen? Es wäre leichter, den Gesang der Nachtigall aufzuschreiben … Es ist nicht dunkel: es ist seltsam, subtil, zart, gequält, gewunden, neu, selten und klar!« Sonst aber hagelt es Spott und Hohn auf »das Meisterwerk der Poésie pure«; eine Londoner Zeitung druckt es ab, aber nur, um es als Beispiel für die Fortschritte der französischen Buchdruckerkunst anzuführen. Auch Zola, im Begriff, ein Literaturfabrikant zu werden, findet böse Sätze: »Bei Mallarmé ist der ganze Wahn der Form offenkundig geworden. Verfolgt von einer ständigen Sorge um

28 Karikatur auf den ›Nachmittag eines Fauns‹, 1876

Rhythmus und Wortstellung, hat er am Ende die Kenntnis der geschriebenen Sprache verloren ... Mallarmés Ästhetik will die Empfindung der Gedanken mit Tönen und Bildern vermitteln. Das ist im Grunde nur die Theorie der Parnassiens, bloß bis zu einem Punkt getrieben, wo sie hirnrissig wird.«

Auch in der Schule gibt es Probleme, die Schulverwaltung erteilt dem pflichtvergessenen Lehrer eine strenge Rüge. Mallarmé bleibt gelassen und schreibt ein Vorwort für den ›Vathek‹ von William Beckford, der mit einiger Verspätung in Paris erscheint.

Im September erscheint sein Essay »The Impressionists and E. Manet« im Londoner ›The Art Monthly Review‹, im Dezember sein Gedicht »Das Grab von Edgar Poe« in dem Gedenkband ›The Poe Memorial‹ in Baltimore. Immer auf dem Sprung, neue kleine Verdienstquellen zu finden, glaubt Mallarmé, viel Zeit auf den geschwätzigen *réunions* der Pariser Künstlerwelt verbringen zu müssen. Seine Zusammenarbeit mit Manet wird von der Boulevardpresse mit dem Wortspiel *eau-forte et colle forte* (»Radierung und Kleber«) hämisch kommentiert. Warum aber sollte man sich über diesen Ton der Boulevardblätter wundern, wenn selbst Leute wie Zola, der ihn trotz aller Kritik schätzt, und Freunde wie Leconte de Lisle, der ihn mag, ihn für einen sanften Irren halten?

Mit dem neuen Jahr 1877 beginnen für Mallarmé düstere, erfolglose Jahre. Seit fünf Jahren lebt er nun in Paris in einem ärmlichen Haushalt, mit einem verhaßten, daher stets gefährdeten Beruf. Zwar ist er überall

29 Emile Zola (1840–1902, Gemälde von Edouard Manet, 1868), der bedeutendste Vertreter des französischen naturalistischen Romans. Als Kunstkritiker setzte er sich schon früh für Manet und die Impressionisten ein. Sein zwanzigbändiger Romanzyklus ›Die Rougon-Macquart‹ (1871–1893) schreibt am Beispiel einer Familie die Natur- und Sozialgeschichte des Zweiten Kaiserreichs. 1898 sorgte Zola mit ›J'accuse‹, wo er den zu Unrecht wegen Spionage verurteilten Dreyfus verteidigt, für einen Skandal, der ihn zwingt, ein Jahr im englischen Exil zu leben. Weitere bedeutende Werke sind ›Die Bestie Mensch‹ und ›Germinal‹.

ein gern gesehener und beliebter Gast, aber seine literarischen Produktionen werden von den wenigsten ernst genommen. Selbst die verspottete Zusammenarbeit mit Manet, der in diesen Jahren sein bester und außer Villiers wohl auch einziger Freund ist, hat etwas Delikates, denn auch der Malerfreund, der seine Werke illustriert, versteht diese nicht immer. Die Freunde der Jugend, Lefébure, Cazalis und Des Essarts, die sein Denken und Arbeiten mit Ernst und leidenschaftlicher Anteilnahme begleitet hatten, sind ihm fremd geworden. Als er sich in Tournon in der tiefsten Einsamkeit und Verzweiflung fühlte, waren sie immer da für ihn. Jetzt, in Paris, ist Mallarmé wirklich einsam. Zwar verkehrt er in Salons und Kneipen mit den brillantesten Geistern seiner Zeit, aber der Anblick der um sich selbst kreisenden Stars kann öde werden. Da ist Banville, der unverzagt die parnassische Leier schlägt, Leconte, der sich selbst beweihräuchert, während er dem Rest der Menschheit die grausamsten Weltuntergänge wünscht, Villiers, der zwischen romantischer Schwärmerei und Hohngemecker schwankt, Verlaine, der von der Kneipe zum Kloster und vom Kloster zur Kneipe taumelt, Flaubert, der sich aufplustert und schwadroniert, um danach in seiner normannischen Provinz Gift und Galle auf die Pariser Künstlerbrut zu spucken, Mendès, der es versteht, auf geistreiche Art schmutzige Wäsche zu waschen, Charles Cros, der stets eine epochemachende Entdeckung parat hat, oder Zola, der den Naturalismus propagiert und gerade seinen Bestseller ›Der Totschläger‹ veröffentlicht hat, zu dem ihm Mallarmé gratuliert: »Ein großes Werk, würdig einer Zeit, in der die Wahrheit die volkstümliche Form der Schönheit wird.«

Aus diesem ganzen Rummel zieht Mallarmé sich wieder zurück in seine Übersetzungen von Poe, deren letzte Folge im März 1877 erscheint. Nach dem Unterricht, den er trotz aller Verweise und Verwarnungen noch immer sehr nachlässig betreibt, ist er bei Manet, der sein Portrait malt und ihn beim Malen mit sarkastischen und kauzigen Aphorismen unterhält.

30 Paul Verlaine (1844–1896). Gemälde von Eugène Carrière, 1891

Auch der alte Theatertraum sucht ihn wieder heim, diesmal in Gestalt des Wagnerschen Gesamtkunstwerks, das er mit Shakespeare und der griechischen Tragödie verbinden will: In einem populären Theaterstück sollen Poesie, Musik, Ballett und Gottesdienst eine Atmosphäre schaffen, in der eine feiernde Volksmenge in einer läuternden Erfahrung sich selbst begegnen und überschreiten kann. Aus den Plänen wird nichts, doch seine Überlegungen werden später in seine Essays über das Theater einfließen, in denen er ein Theater der Zukunft skizziert, das in unserem Jahrhundert Theaterschaffende wie Bertolt Brecht, Wsewolod Meyerhold, Antonin Artaud und Samuel Beckett teilweise verwirklicht haben.

Im Januar 1878 erscheinen ›Die englischen Wörter‹, eine »kleine Philologie«, die allerdings nur einer poetischen, aber weder einer philologischen noch sprachphilosophischen Prüfung standhält. Auch auf die Schulinspektoren macht dieses Werk, das nicht aus pädagogischem Eifer, sondern aus Geldgründen entstanden ist, keinen Eindruck. Einer von ihnen urteilt: »Er ist intelligent, und seinem Benehmen fehlt es nicht an einer gewissen Distinktion. Dennoch, durch seine Gewohnheiten und Beziehungen, unter dem Vorwand, Künstler und Dichter zu sein (von der Klasse der Unverstandenen), schien er mir immer außerhalb des geregelten und seriösen Lebenswandels eines Lehrers zu stehen.« Als Folge der ungünstigen Beurteilungen wird sein Gehalt eingefroren, und er verdient einige dringend

31 Robert Comte de Montesquiou-Feszenac (1855–1921). Gemälde von Giovanni Boldini, 1897

32 Anatole Mallarmé (1870–1879) um 1879

benötigte hundert Francs weniger als die Kollegen. Immerhin geht es ihm besser als Villiers und Verlaine, die beide in krasser Armut vegetieren.

Ende des Jahres 1878 erkrankt der Sohn Anatole an einem sich ausbreitenden Gelenkrheumatismus. Kurt Wais vermutet, daß auch Mallarmés Mutter und Schwester an dieser vererbbaren Krankheit litten. Über Monate hinweg Tag und Nacht pflegt die Mutter das vor Schmerzen weinende Kind bis zur Erschöpfung. Sie, die schon die 40 überschritten hat, magert ab und altert. Mallarmé selbst macht sich Vorwürfe, daß die Armut es ihnen nicht erlaubt, dem Kind die besten Ärzte und Medikamente zu geben. Auch der alte Freund und Arzt Cazalis ist in der Not wieder da und versucht zu helfen. An ihn und den Grafen Montesquiou, ein Rivale des jungen Lebemannes Marcel Proust und einer der schillerndsten Dandys und Homosexuellen der Epoche, der dem kleinen Kranken einen prächtigen Papagei schickt, wendet sich Mallarmé fast täglich und klagt sein Leid: »Ja, ich bin ganz außer mir, wie einer, dem ein anhaltender grausamer Wind entgegenpfeift. Nachtwachen, zwischen Hoffnung und jäher Furcht schwankende Gefühle haben jeden Gedanken an Ruhe verdrängt … Ich hätte nicht geglaubt, daß dieser schreckliche Pfeil aus irgendeinem unerfindlichen Schattenwinkel auf mich gerichtet sein könnte.« Doch alles Hoffen, Helfen und Beten ist umsonst, im Oktober stirbt Anatole im Alter von acht Jahren. Mallarmé versinkt in einer schweren Depression.

Maria verwindet den Tod ihres Sohnes nicht; von nun an unternimmt sie keinen Versuch mehr, die Verwüstungen ihres Gesichts und ihrer Seele vor irgend jemandem zu verbergen. Geneviève erinnert sich später an den Tod ihres kleinen Bruders: »1879 traf uns das große Leid, daß ich meinen kleinen Bruder verlor, ein entzückendes Kind von acht Jahren. Ich war damals noch sehr jung, aber der tiefe, doch stille Schmerz, den mein Vater empfand, machte einen unvergeßlichen Eindruck auf mich.«

Die Kunst der Abschweifung – die *mardis*

Mensch werden ist eine Kunst.
Novalis

Die wenigen Zeitgenossen, die ihn kennen, haben sich ihr Urteil über Mallarmé längst gebildet, ob sie in ihm nun einen sanften, liebenswerten Träumer, einen Irren oder Elfenbeinturmbewohner sehen, der in einer völlig unverständlichen Privatsprache redet und schreibt. Auch eher wohlwollende Schriftsteller wie Zola werfen ihm seine sinndunklen Hieroglyphengedichte vor, die, wie sein ältester Freund Emmanuel des Essarts sich entrüstet, nicht nur der blöden Menge, sondern selbst den Dichtern unverständlich sind. Seine mit lapidarer Ironie vorgetragenen Sprach- und Bilderrätsel, seine gelassene Verachtung des gesunden Menschenverstands, seine fast manische und zudem fruchtlose Suche nach dem Absoluten, seine Lust am Künstlichen und Gesuchten, seine platonische Besessenheit vom Nichtsein sind weitere Kritikpunkte. Doch ausgerechnet um »den verkanntesten Mann der Weltliteratur«, wie sein erster Schüler, der junge Schriftsteller Gustave Kahn, ihn nennt, versammelt sich zuerst fast zufällig, dann, gefesselt und gebannt von der Rede dieses neuen Orpheus, ein Kreis junger, wißbegieriger und manchmal sicher auch bloß neugieriger Künstler, die sich zu dem unbekannten, erfolglosen und im wenig schmeichelhaften Sinn unumstrittenen Dichter und Schriftsteller hingezogen fühlen.

Neben Gustave Kahn und dem Musiker Léopold Dauphin gehören zu den ersten Dienstagsgästen der Journalist Roujon, der Graveur Prunaire (wie Dauphin eine Valvins-Bekanntschaft), der Parnasse-Dichter Jean Marras, der englische Poe-Kommentator Ingram

Man erwartet Mallarmé ...Keiner besitzt mehr als er diese kostbare Gabe, sich beliebt zu machen: Er spricht, und sogleich fühlt man sich wie zu Hause; alles zieht einen an ihm an: sein tiefer Blick, der Blick eines Kinderauges, doch voller Traum; seine warme, musikalische, singende, manchmal wie bei Banville hell flötende Stimme; seine Sanftheit, Zuvorkommenheit, Höflichkeit, seine vollkommene und so schlichte Zurückhaltung in seinem ganzen Benehmen, seine scharfsinnige und angenehme Sprunghaftigkeit.
Léopold Dauphin

33 James Abbott Mac Neill Whistler (1834–1903), Selbstbildnis, 1896/1898

und John Payne. Schon bald gesellen sich ältere Freunde – Manet, Villiers, Verlaine und manchmal auch der als Dichter dilettierende Graf Montesquiou – hinzu. Mit den Jahren wird der Kreis, in dem eine gewisse Fluktuation herrscht, größer, bis er in der Blütezeit der *mardis* etwa ein Dutzend Leute umfaßt: eine Gruppe wie die zwölf Apostel oder die Ritter der Tafelrunde. Nach und nach stoßen der Dichter René Ghil, der irische Lyriker Stuart Merrill, André Gide, Oscar Wilde, Paul Claudel, die belgischen Dichter Maeterlinck und Verhaeren, Henri de Régnier, Viélé-Griffin, der amerikanische Maler Whistler und Mallarmés Lieblingsschüler der letzten Jahre, Paul Valéry, hinzu. Aus Deutschland taucht, groß, bleich und in schwarzer Asketenkluft, Stefan George auf, der sich selbstbewußt und recht deutsch mit »*poète maudit allemand*« vorstellt und Mallarmés Stimme als »Ohrenweide« empfindet. Frauen bilden in dieser Männerrunde eine seltene Ausnahme; ein paarmal sind Judith Gautier, die Komponistin Augusta Holmès und Claudels Schwester Camille anwesend. An Mallarmé, der gern mehr Frauen um sich gesehen hätte, liegt es nicht, doch seine Versuche, die Damenwelt einzuladen, haben wenig Erfolg. Vielleicht war die von Zigaretten- und Pfeifenqualm geschwängerte Luft dem zarten Geschlecht, das sich damals noch nicht die Freiheit zu rauchen erkämpft hatte, einfach zuwider.

Mallarmé galt allen, die ihn gekannt haben, als der denkbar Schönste, ja als die einzige Verbindung von Würde und Anmut. In der Tat will es schon etwas bedeuten, wenn ein Lehrer des Englischen an einem Lycée in seiner kleinen Wohnung, darin er mit Frau und Tochter ohne Dienstboten lebt, alle Woche einmal, eben am Dienstagabend, die geistige und künstlerische Elite von Paris zu empfangen in der Lage ist. Er selber öffnet die Haustür, sooft die Klingel einen Gast ankündigt, man setzt sich um einen Tisch im Speisezimmer, um elf Uhr bringt Geneviève, die Tochter,

Anders als Mondor glaubt Gide, daß Mallarmé (»Seltsame Sache: Er dachte, bevor er sprach«) seine *divagations* genannten Monologe am Dienstagabend gewissenhaft vorbereitete. Gewiß, Mallarmé war, zwar wider Willen, Lehrer und ein eindringlicher Methodiker, der es glänzend verstand, das Prinzip, die Gestalt, den Stoff und die Wirkungen von Kunstwerken genau zu analysieren, dennoch ist es eher unwahrscheinlich, daß er sich auf diese Dienstagabende vorbereitete, so wenig wie er es wohl auf seinen Unterricht tat. Man kann sich auch schlecht vorstellen, daß sich ein Sokrates für seine Symposien präparierte. Mallarmé besaß eine profunde Kenntnis der Gegenstände, über die ›geplaudert‹ wurde, und ein verführerisches Talent der freien, assoziativen Rede, das es ihm erlaubte, einen brillanten Analogienzauber zu entfalten.

34 George Moore. Gemälde von Edouard Manet, 1879

Bei den Beschreibungen der Gesprächskunst Mallarmés fühlt man sich an Kleists Marionettentheater erinnert, wo ein Tier zum Inbegriff der natürlichen und eine Marionette zum Inbegriff der künstlichen Anmut wird. Wer beides vollkommen beherrschen würde, wäre eine Art Gott, ein Virtuose, der auf dem Instrument der gesamten Schöpfung zu spielen vermöchte. Möglich, daß Mallarmé von einem solchen schöpferischen Raum geträumt hat, in dem er zwar nicht zusammen mit anderen, doch angeregt durch sie den Würfelwurf wagen wollte, der den Zufall aufheben und in

ein Glas Grog oder Tee; an den Hüten draußen im Gang konnte die Anzahl der Gläser bestimmt werden. In der Mitte des Tisches befindet sich ein irdener Topf oder Becher von einigem Umfang mit Tabak, aus dem sich die Gäste und wohl häufiger als diese der Hausherr selber die Zigaretten drehen. Dieser steht die meiste Zeit am Kamin, und von dort spricht oder, wie einige es bezeichnet haben wollen, »divagiert« er über all die Dinge, die ihn und seine Zuhörer angehen.

Rudolf Kassner, zitiert nach Walter Schmiele, ›Dichter über Dichtung‹, 1955

einen kreativen Akt verwandeln würde. Ein Zeichen für den hypnotischen, vielleicht medialen oder magischen Charakter dieser ›Séancen‹ ist der merkwürdige Umstand, daß alle Mardisten die Gespräche Mallarmés als einmalig und unvergeßlich rühmen, aber keiner von ihnen sie aufgeschrieben hat. Niemand hat eines dieser Dienstagsgespräche ganz oder auch nur teilweise nacherzählt. Fast wie bei Leuten, die einen *blackout* haben, existieren nur vage Erinnerungsfetzen an Einzelheiten des Ambientes, so bei dem irischen Schriftsteller George Moore, der von Mallarmé mit den Worten begrüßt wird: »Sie kennen sich ja gut mit dem Meer aus, nehmen Sie also bitte den Schaukelstuhl.«

Was die jungen Künstler von Anfang an überrascht und angezogen haben muß, ist, daß an diesen Abenden zwar locker geplaudert, aber niemals, wie auf anderen réunions, geklatscht, geschimpft, gebeckmessert, gekrittelt und intrigiert wird. Mallarmé findet in den Werken der andern, selbst den schwächsten, immer etwas Positives, das er lobt und hervorhebt, dann folgt eine dezente Kritik, die sich eher als Vorschlag, Frage, Anregung gibt. Seine geschriebenen wie seine gesprochenen Divagationen enden öfter mit einem an Nachdenken und Einsicht appellierenden *non*? oder *n'est-ce pas*? Aber Gäste wie der schmuckbehängte und vorlaute Dandy Oscar Wilde werden mit sanfter Gewalt vergrault. Laurent Tailhade erinnert sich an den Besuch Wildes: Er kam »in einem Frack erster Klasse, geschnürt, gekämmt, auf Glanz poliert, lackiert, mit Edelsteinen beringt, in Diamanten wie eine Venuspriesterin, den seidenen Rockaufschlag mit einer ungeheuren Chrysantheme oder einer übergroßen Sonne betupft, flankiert von seinem Euryalus Alfred Douglas … beunruhigt durch die Ironie, die ihm entgegenwehte, und weniger sicher seiner Effekte als unter den Londoner Gecken, die ihm damals zu Füßen lagen.«

Nur die besten und ältesten Freunde, Villiers, Manet, Verlaine und Whistler, genießen das Privileg, Mallarmé unterbrechen und

Noch eine Gattung von Mardisten komplettiert die Dienstagsrunde: die Tiere. »Nach den blauen Vögeln und der weißen Katze Neige aus Tournon, nach Frimas, Sohn von Neige, gab es den Windhund Saladin, dann die Windhündin Isolde, den Waldkauz Vollmond … schließlich die beiden grünen Papageien aus ununterbrochener Linie, respektlos, sagt Geneviève, die kleinen Akademiker genannt; nun ist es Lilith, Tochter der Katze von Théodore de Banville und Enkelin von Éponine, der Katze von Théophile Gautier, die schon Baudelaire bedichtet hatte.« *Henri Mondor, 1941*

selbst kleine Einlagen zum besten geben zu dürfen. Ein anderer Aspekt sollte nicht übersehen werden: Diese Gespräche, die sich mit der Zeit zu einem Ritual entwickeln, haben auch etwas von der *talking cure*, die Jahrzehnte später Sigmund Freud kreieren wird. Die *mardis* gingen ja aus Besuchen hervor, die Mallarmé über den Tod seines Sohns hinwegtrösten sollten; auch manche Werke Mallarmés, vor allem ›Igitur‹, waren Selbstheilungsversuche. Es wäre also gut möglich, daß Mallarmé Selbsttherapie und Anregung anderer Geister und Gemüter in einer Art ›Redekur‹ miteinander verbunden hat, und diese Stimme einer »Sphinx«, wie ihn der Freund Lefébure nennt, nicht nur anderen, sondern auch sich selbst das Orakel stellen wollte.

Gewiß hat die Aufmerksamkeit, die er erregte, und die Beachtung, die man ihm schenkte, auch dem sonst so scheuen und auf Abstand bedachten Mallarmé geschmeichelt, dennoch ist erstaunlich, daß er einen solchen Personenkult um sich geduldet hat. Erst im Alter, als der Trubel um seine Person ihm zuviel wird, verspürt er den Wunsch, als Person zurückzutreten und im Spiegel seines Werks zu verschwinden.

Eine Übersetzung aus dem Englischen (›Die antiken Götter‹ von G. Cox) bringt etwas Geld ein und macht den Sommer 1880 in Valvins zu einem besonderen Familienvergnügen. Für Geneviève mietet Mallarmé einen Ponywagen, er selbst kauft sich ein kleines Segelboot, das er seine »Yacht« nennt. George Moore, als Ire wie geschaffen für diese Aufgabe, gibt ihm Segelunterricht. Zurück in Paris, erwartet ihn wieder einmal schulisches Ungemach. Ein neuer Prüfer fällt ein grausames Urteil: »Wenn M. Mallarmé Englischlehrer … bleiben will, sollte er Englisch lernen … Man ist versucht sich zu fragen, ob man es nicht mit einem Kranken zu tun hat.«

Eines Abends … trug ich Mallarmé einen Vers vor, den ich am Morgen gemacht hatte: »Ja, das ist gut«, sagte er zu mir, »aber wissen Sie, wieviel besser es zum Beispiel Musset gemacht hätte?« Und aus dem Stegreif machte er aus meinem Gedanken einen Vers, der würdig gewesen wäre, in Namouna zu stehen. »Hugo«, fügte er hinzu, »hätte es anders gemacht.« Und schon … war es ein Vers von Hugo … Um seine Lektion zu beenden oder vielleicht um … zu zeigen, was für ein meisterhafter Jongleur er war, er, den man beschuldigte, ein Unschöpferischer, gar ein Kranker oder Irrer zu sein, ahmte er der Reihe nach Banville, Leconte de Lisle und (!) sogar Béranger und Pierre Dupont nach.

Léopold Dauphin, zitiert nach Mondor, 1941

Den größten Trost nach dem Tod des Sohnes Anatole spendet Manet. Die Freundschaft zwischen den beiden Männern ist herzlich geworden, und man sieht sich fast täglich. Manet ist wohl derjenige, der diesen ständigen Ideenaustausch am meisten braucht, aber auch er hat dem Dichter etwas zu bieten: Er verkehrt mit *tout le monde* in einer zupackenden, direkten Art, die dem stets distanzierten Mallarmé nicht zu Gebote steht. Manet vertraut vorbehaltlos dem Urteil des Freundes in Fragen der Kunst. Das Ziel des einen ist das reine Gedicht, das des anderen sind die reinen Farben. Manet malt an einem neuen Bild; sein Modell ist eine junge Frau namens Méry Laurent, die er gegenüber Mallarmé schon ein paarmal erwähnt hat, ohne daß dieser besonderes Interesse an der Dame gezeigt hätte. Diesmal ist es anders. Vielleicht ist es das Thema des geplanten Gemäldes, vielleicht auch die Art, wie Manet darüber spricht: Mallarmé beginnt, sich für diese Frau zu interessieren.

Seit zwei Jahren ist sie die Freundin eines amerikanischen Zahnarztes, Thomas W. Evans, der die kaiserliche Familie behandelt hat und sehr reich geworden ist. Die Beziehung zwischen ihm und Méry ist frei von Bevormundung, Besitzansprüchen und Eifersucht. Die junge Frau aus proletarischem Milieu sehnt sich, nur allzu verständlich, nach Komfort und Sicherheit, die er ihr bietet. Evans war nebenbei ein geheimer Held des zusammenbrechenden Empires, denn als 1870 die Revolution ausbrach, flüchtete sich die Kaiserin vor der aufständischen Menge zu ihm. In seinem Landauer gelang ihr die Flucht aus Paris an die Küste, von wo sie in einem von Evans gemieteten Segelboot bei stürmischer See England erreichte.

Méry liebt die Gesellschaft von Dichtern und Malern. Der Zahnarzt bietet ihr Schutz und Sicherheit, die Künstler geistvolle Zerstreuung. Manet hat ihr in seinen Erzählungen Mallarmé als den spirituellsten unter den Künstlern vorgestellt. Als sie ihm begegnet, liebt sie seine vornehmen Umgangsformen und seine an-

Ich werde den Herbst malen, mit Méry Laurent als Modell. Ich war gestern bei ihr, um es ihr zu sagen. Sie hat sich einen Pelzmantel anfertigen lassen. Was für ein Pelzmantel, mein Freund, von einem falben Braun mit einem Futter in altgoldener Farbe. Ich war gebannt wie vor einer Medusa.

Edouard Manet, zitiert nach Mondor, 1941

35 Méry Laurent (Der Herbst). Gemälde von Edouard Manet, 1881 / 1882

genehme, gebildete Stimme. Was ihr weniger gefällt, ist die ärmliche, fast schäbige Kleidung des Dichters, die sich mit seinem aristokratischen Benehmen nicht verträgt. Mallarmé ist zunächst von soviel schwellender Weiblichkeit eingeschüchtert und weicht ihr aus. Das gefällt ihr, denn von der Männerwelt, in der sie verkehrt, ist sie ein anderes Betragen gewohnt. Zwischen diesen so verschiedenen Menschen entwickelt sich eine Freundschaft, die Jahre braucht, um zu einer Art Liebesfreundschaft zu reifen. Manche bezweifeln, daß es je soweit kam, doch denkt man an Mallarmés erotisches Ideal, wie es sich in ›Hérodiade‹ und im ›Faun‹ offenbart, ist es wohl müßig, darüber zu spekulieren, ob ihre Freundschaft sinnlicher oder bloß platonischer Natur war. Vielleicht war letzteres der Fall; jedenfalls kommt es während eines gemeinsamen Kuraufenthalts zu einer Auseinandersetzung über die Art ihrer Beziehung. Sie verbringen einige Tage, ohne ein Wort miteinander zu wechseln. Dann reist Mallarmé vorzeitig ab. Künftig meidet man allzu große Nähe, trifft sich in Salons und Ateliers, besucht gemeinsam Ausstellungen, Theater und Konzerte. Als Méry dank Doktor Evans ihr eigenes kleines Stadthaus in Paris bezieht, spielt Mallarmé den Innenarchitekten, der sich eifrig um die Auswahl der Möbel, Stoffe, Tapeten und Requisiten kümmert. Die Beziehung zu seiner Frau ist spätestens seit dem Tod ihres Sohnes

Allzuvieles trennt unsere Lebenswege, als daß sie einander noch näherkommen könnten, ohne daß wir einander verfehlten. Alles in allem tatest du gut daran, zu sprechen, als eine brave Freundin, ein Gezwungensein hätte sich andernfalls sogar für dich ergeben, die du an meiner Seite schließlich nur noch in der Verteidigung und bereit warst, jede Zärtlichkeit zu unterdrücken, welche doch von dir aufgerufen war. Eine Qual für mich, zu der unsere so reizende Begegnung sich hinentwickelte.

An Méry Laurent, zitiert nach Mondor, 1941

jenseits aller Erotik oder Sexualität, aber Mallarmé braucht, wenn nicht die körperliche Sinnlichkeit, so doch zumindest ihren inspirierenden Schleier. Maria, bisweilen nörgelnd und etwas gehässig, duldet die platonische Affäre ihres Mannes; auch die Beziehung Mallarmés zu Doktor Evans, der nach wie vor der väterliche Schutzherr Mérys ist, gestaltet sich weiterhin freundlich.

Der Kern der Freundschaft zwischen Mallarmé und Méry Laurent ist eher musischer Natur. Wenn die Kunstfigur Hérodiade in ihrer keuschen Rüstung die Muse des jungen Mallarmé war, so ist die leibhaftige und höchst sinnenfreudige Méry die Muse seiner reifen Jahre. Drei Gedichte hat er ihr ausdrücklich gewidmet, zahlreiche andere Gelegenheitsgedichte sind von ihr inspiriert. Und ganz fremd sind sich Hérodiade und Méry nicht: Rein äußerlich erinnert Méry mit ihrer stolzen Gestalt und ihrem flammenden Sonnenhaar an das Frauenideal Mallarmés. Als Frau, die das Leben voll und ganz bejaht, verkörpert sie das perfekte Gegenbild Hérodiades. Die Freundschaft zu Méry beweist, daß Mallarmé den einsamen Manichäismus seiner Jugend überwunden hat.

Die Ablehnung der Welt, das hat Mallarmé erfahren, kann viele Formen annehmen, auch die, daß man nur den schönen Schein der Welt sucht und ihre häßlichen Seiten einfach nicht wahrnimmt oder durch einen »Gegenzauber« (Rilke) ausblendet. Der janusköpfige Mallarmé erblickt in Méry die »vollkommene, erholsame und lustige Gefährtin und zugleich ein anderes Wesen, das einzigartige Wonnen verschenkt«, und so erstaunt es nicht weiter, daß ihre Freundschaft – eine der zärtlichsten und zugleich höflichsten, vielleicht auch eine der im heutigen Wortsinn emanzipiertesten ihrer Zeit – bis zu seinem Tod andauern wird.

Im Oktober 1882 erhält Mallarmé einen folgenreichen Brief: Ein ihm bis dahin unbekannter Schriftsteller namens Joris-Karl Huysmans wendet sich an ihn mit einer Bitte; schon die vertraute Anrede »Mon cher confrère« klingt selbstbewußt: »Ich brüte gerade

36 Méry Laurent, eigentlich Marie-Rose Louviot, ist die dritte Marie in Mallarmés Leben. Geboren 1849 in Nancy als uneheliches Kind einer Wäscherin, heiratet sie mit 15 Jahren den Krämer Claude Laurent, nach dessen Ruin sie sich scheiden läßt und nach Paris geht. In Paris tritt sie, zum Teil nackt, in kleinen Rollen am Theater Châtelet auf. Da ihre üppigen Formen die Maler reizen, wird sie auch Modell, und so lernt Edouard Manet sie kennen.

eine einzigartige Novelle aus, und das ist ihr Thema: Der letzte Sproß eines großen Geschlechts flüchtet sich, aus Abscheu vor der Amerikanisierung des Lebens, aus Verachtung vor dem über uns herfallenden Geldadel in vollständige Einsamkeit ... Er ist ein Gebildeter und Anspruchsvoller raffiniertester Art ... In französischer Sprache schwärmt er von Poe und Baudelaire. Es bereitet ihm eine hämische Freude, Dünnpisser aufs Korn zu nehmen, die nie etwas von den Tiefen der Sprache begriffen haben, so wie wir sie zu schreiben versuchen. Nun bewundert er natürlich die modernen Dichter Théodore Hannon, Tristan Corbière, Paul Verlaine ... Ich möchte nun etwas über Ihre ›Hérodiade‹ bringen und gleichzeitig versuchen, Moreaus Magien zu beschreiben. Ferner hätte ich gern, falls es geht, noch mehr Verse des ›Faun‹, von dem Mendès mir einige gegeben hat.«

Der Schreiber dieses Briefs ist kein Unbekannter in der französischen Literatur. Huysmans, sechs Jahre jünger als Mallarmé, Sohn eines holländischen Malers und einer französischen Lehrerin, ist mit einigen im naturalistischen Stil geschriebenen Romanen und Novellen in Erscheinung getreten, die mehr Kritik – unter anderm von Zola und Flaubert – als Lob geerntet haben, und das nicht ohne Grund, denn schon in seinen frühen Werken betreibt Huysmans eine sprachliche Zersetzung des naturalistischen Erzählstils.

Zwei Außenseiter begegnen sich hier und erkennen sich sofort. Schon nach einem Monat ist der Ton ihrer Briefe und Karten herzlich und freundschaftlich. Mallarmé schickt Huysmans die Texte, die dieser von ihm erbeten hat. Auch erzählt er ihm, der sich über den Charakter seines Helden noch nicht ganz schlüssig ist, von seinem Freund, dem Grafen Robert de Montesquiou, aus dem dann des Esseintes, der Held des Romans ›Gegen den Strich‹, destilliert wird.

Kaum hat Mallarmé die vor Ironie und Sarkasmus funkelnden ›Grausamen Märchen‹ seines Freundes Villiers erhalten und sich

Joris-Karl Huysmans (eigentlich Georges Charles H., 1848–1907) betrieb in seinen Novellen und Romanen die Zersetzung des naturalistischen Erzählstils. Sein Roman ›Gegen den Strich‹ (1884), dessen Held ein feinsinniger Dandy, Ästhet und Gesellschaftsverächter ist, wurde ein Skandalerfolg. Seiner Freundschaft mit Mallarmé verdankte er die Bekanntschaft mit dem Grafen Montesquiou, der zum Vorbild seines Helden des Esseintes wurde. In seinem Roman ›Unterwegs‹ (1895) beschreibt er seine Rückkehr zu einem stark okkultistisch und mystisch geprägten Katholizismus.

überschwenglich bei ihm bedankt, erreicht ihn die Nachricht vom Tod Edouard Manets. Manet, wie so viele Künstler dieser Zeit ein Opfer der Syphilis, hatte schon seit einer Weile nur noch humpeln können und über höllische Beinschmerzen geklagt, ehe er sich auf Anraten seiner Ärzte zu einer Beinamputation durchrang, an deren Folgen er zwei Tage später starb. Mallarmé und Méry nehmen an der Beerdigung auf dem Friedhof von Passy teil. Méry wird noch viele Jahre lang Flieder auf das Grab des verehrten Freundes legen.

In Valvins, wohin Mallarmé sich mit der Familie zurückgezogen hat, erreicht ihn ein Brief Verlaines, der wie der von Huysmans weitreichende Folgen haben wird: »In einer kleinen, aber von jungen intelligenten Leuten sehr gut gemachten Zeitschrift – ›Lutèce‹ – werde ich eine Artikelserie bringen mit dem Titel *Poètes maudits*. Natürlich muß ich diesen Titel in einem Vorwort erklären, und ich werde ihm diese Erklärung und eine Art Untertitel geben: *Poètes absolus*.«

Der erste Teil der von Verlaine geplanten Artikelserie soll drei Dichter behandeln: Tristan Corbière, Arthur Rimbaud, Stéphane Mallarmé. Verlaine bittet ihn, ihm ein Foto zu schicken. Mallarmé, der in den letzten Jahren so gut wie nichts mehr geschrieben und fast nur noch an seinen alten Texten gebessert und gefeilt hat, reagiert erfreut. Kann es sein, daß für den fast schon Verstummten eine Morgenröte des Ruhms anbricht?

Es scheint so. Noch vor Erscheinen des Artikels über ihn bemerkt Mallarmé, das eine Mal bei einem Theaterbesuch, das zweite Mal bei den *mardis*, daß sich die Atmosphäre um ihn verändert hat. Der erste Blick der Leute galt dem charmanten, leicht spleenigen Träumer, jetzt sieht man näher hin. In der rue de Rome drängen sich die Gäste aus allen Ecken von Paris. Und sie kommen immer wieder. »Alle diese jungen Leute«, erzählt Geneviève später, die wie eine Fee aus einer Novelle von Poe im langen Kleid durch den Raum schwebt und den Gästen aufwartet, »waren in eine Art religiöse

Poète maudit, »verfemter« oder »geächteter Dichter«: Im Land der Dichter und Denker haben wir keinen eigenen Ausdruck – bei uns heißen sie Nestbeschmutzer oder Pinscher, Brandstifter und Sympathisanten. Im Französischen wurde der Begriff von Alfred de Vigny geprägt, der ihn auf Thomas Chatterton und André Chénier anwandte, durchaus nicht, wie erstmals von Verlaine, als dichterischer Ruhmes- oder Adelstitel verstanden, sondern als bitterer Vorwurf an eine verbohrte und unwissende Gesellschaft, die den Propheten im eigenen Land nicht achtet, sondern ächtet, weil er ihr einen wenig schmeichelhaften Spiegel vorhält.

Stummheit verfallen. Mein Vater war darüber sehr unglücklich und bemühte sich, sie zum Reden zu bringen, aber ich glaube, daß er sie trotz seiner wohlwollenden Schlichtheit einschüchterte.«

Ende des Jahres 1883 erscheint Verlaines Artikelserie in ›Lutèce‹, das bald zum Organ der Symbolisten wird. Sein Artikel über Mallarmé ist eine überschwengliche Lobpreisung; auch sieben Gedichte Mallarmés werden abgedruckt, mit vielen Druckfehlern und Verstümmelungen, die Mallarmés Freude trüben.

Verlaine bringt es nun zum erstenmal fertig, dem *poète maudit* die Märtyrerkrone aufzusetzen. Sicher verdankt er diese Wendung ins Positive Gérard de Nerval und seinem genialen Gedicht ›El Desdichado‹, in dem der Dichter zu einer Art Zorro und Rächer der Enterbten verklärt wird, vor allem aber seiner Freundschaft mit Rimbaud, der den Seherdichter als den »großen Kranken, den großen Gesetzesbrecher, den großen Geächteten« bezeichnet und dessen ganzes Leben das Paradebeispiel eines *poète maudit* abgibt. Später werden sich viele Dichter in Frankreich mit dem von Verlaine – auch auf sich selbst – umgemünzten Namen schmücken, so etwa die Surrealisten, die den *poète maudit* zur Kultfigur erheben und sich als Geächtete sehen, obwohl kein Mensch, sie selbst vielleicht ausgenommen, sie geächtet hat.

Mallarmés Ansehen bei jungen Künstlern und Kunstbeflissenen steigt durch die ihm selbst etwas peinliche Ächtung beträchtlich. Bei Verlaine bedankt er sich für das Loblied auf die ihm eigene Weise: »Was mich angeht, Sie wissen, wie ich darüber denke! Vielleicht gibt es in mir etwas, und kommt vielleicht auch einmal zum Vorschein, das das, was Sie heute sagen, auch verdient, und so nehme ich Ihre geschätzten Worte an, mit ganz neuem Mut.« Der nächste, der Mallarmés Ruhm mehren hilft, ist ein toter Freund: Manet. Anfang 1884 findet in der Ecole des Beaux-Arts eine Ausstellung der Werke des im Vorjahr Verstorbenen statt. Zu seinen Lebzeiten strikt *maudit*, gelingt Manet und seinem Werk der postume Durchbruch.

Der Begriff der **absoluten Poesie** ist eine Ableitung des von den Romantikern, unter anderem von Ernst Theodor Amadeus Hoffmann geschaffenen Begriffs der »absoluten Musik«. Absolute Poesie ist reine Wortmusik im Sinne von Novalis, der von Gedichten träumte, die »bloß wohlklingend und voll schöner Worte, aber auch ohne allen Sinn und Zusammenhang« sind.

37 Stéphane Mallarmé, Gemälde von Edouard Manet, 1882 / 1883

Mallarmé und Méry besuchen gemeinsam die Ausstellung, in der sie ihre eigenen Portraits betrachten können. In der nächsten Nummer des ›Lutèce‹ liest Mallarmé darüber: »Manet hat Mallarmé in einer der Zeit enthobenen Haltung gemalt, ungeachtet der Zigarre und des Jacketts, die der große, modernistische, unter seiner Maske des Dandytums und der Gutmütigkeit so intuitive und feinfühlige Maler für seine Männerportraits bevorzugte. Hier ist der Dichter gewissermaßen vergöttlicht, unsterblich geworden. Die das Genie küssende Muse ist nicht sichtbar, aber sie ist dennoch da, und es ist eine ganz andere Muse für ein ganz anderes Genie!«

Im Juli 1884 erscheint Huysmans Roman ›Gegen den Strich‹, und dem Autor gelingt – obwohl er Hérodiade eher mit Salome ver-

Den bereits einzigartig komplizierten Anfangsgedanken spitzt er noch mathematisch zu, dann wählt er, um ihn zu realisieren, einen seltenen und adäquaten Vergleich, läßt alles übrige fallen und behält nur noch diesen Vergleich, von dem aus er sich ohne weitere Erklärungen zu neuen und fernen Analogien aufschwingt. Um das Ganze noch mehr zu verwechselt und sich auf die frühe Fassung des ›Faun‹ bezieht – eine recht treffende Analyse, wenn er den von der Welt angeekelten Schöngeist Jean des Esseintes über den von ihm bewunderten Mallarmé sagen läßt: »Wie viele Abende hatte er in seinem schweigsamen Zimmer, das die Lampe mit gedämpftem Schimmer erfüllte, sich erregt gefühlt durch jene ›Hérodiade‹, die auf dem Bilde Gustave Moreaus, das jetzt im Dunkel lag, leicht entrückt, und nur eine verschwommene weiße Statue im erloschenen Glanz von Edelsteinen ahnen ließ!

Die Dunkelheit verbarg das Blut, besänftigte Reflexe und Goldglanz, überschattete die fernen Winkel des Tempels, verschluckte die Statisten des Verbrechens, die in ihren toten Farben ertranken, verschonte nur das Weiße des Aquarells: Aus der Hülle ihres Schmucks stieg noch nackter die Frau.

Er mußte die Augen zu ihr erheben, er erriet ihre unvergeßlichen Umrisse, und sie lebte wieder auf und brachte auf seine Lippen die seltsamen und süßen Verse, die Mallarmé ihr in den Mund legt … Er liebte diese Verse, wie er die Werke dieses Dichters liebte, der in einer Zeit des allgemeinen Wahlrechts und der Gewinnsucht abseits von der Literatur lebte, von der ihn umgebenden Dummheit geschützt durch seine Verachtung; er fand, fern der Welt, Freude an den Überraschungen des Intellekts, an den Visionen seines Hirns; immer wieder läuterte er seine Gedanken, versah sie mit byzantinischen Feinheiten und setzte sie in leicht angedeuteten Deduktionen immer weiter fort, die ein kaum wahrnehmbarer Faden verband … So entstand eine kondensierte Literatur, eine Essenz, eine sublimierte Kunst. Diesen Stil hatte Mallarmé zunächst nur in beschränktem Maße in seinen Frühwerken angewandt, später aber mit mehr Kühnheit in einem Aufsatz über Théophile Gautier und in ›L'après-midi d'un Faune‹, einem Hirtengedicht, darin sich die Subtilitäten sinnlicher Freuden in geheimnisvollen und schmeichlerischen Versen entfalten, die plötzlich dieser rasende Raubtier-

dichten, läßt er auch noch die Übergänge weg; und meist geht er nicht von Gedanke zu Gedanke, sondern von Empfindung zu Empfindung. Das ist durchaus empfindsame Kunst, doch stets gewollt, überlegt und nach einer intellektuellen Konzeption entwickelt. Er schreibt für sich allein, und einige Blasierte genießen es.

Maurice Barrès über Mallarmé, zitiert nach Mondor, 1941

schrei des Faunes zerriß: ›Alors m'éveillerai-je à la ferveur première …‹«

In einem Brief bedankt sich Mallarmé in bewegten Worten, aber sein eigentlicher Dank ist das bald darauf in der ›Revue indépendante‹ erscheinende Gedicht »Prose pour des Esseintes«, das zweifellos zu seinen unzugänglichsten gehört, aber Mallarmés Poetologie in konzentriertester Form enthält.

War schon der gesellschaftsfeindliche Romanheld und Dandy des Esseintes eine arge Zumutung für den in grellen Seichtheiten watenden Publikumsgeschmack, so ist dieser »Preisschrieb für des Esseintes« der Tropfen, der das Faß zum Überlaufen bringt. Kübel von Schimpfwörtern prasseln auf das Haupt des Dichters: Das sei keine reine Poesie, sondern reiner Unsinn, den jeder, der einen Reim hinkriegt, schreiben könne, das Machwerk eines Schwindlers und Nervenkranken. Die gemäßigteren Stimmen der Kritik finden das Gedicht unverständlich und unlesbar. Die neuen Fans von Mallarmé aber halten ihm die Stange und ergehen sich in kühnen Deutungen.

Preisschrieb für des Esseintes

Traumkurve! Aus meiner Erinnerung
steigst du nicht als Gewinn,
sondern als Gekritzel
im gepanzerten Buch:
Denn mein Wissen schreibt
die Hymne der geistigen Herzen
in mein ungewisses Werk,
Atlas, Herbarium und Ritual.
Unsere Blicke streiften
(wir waren zwei, ich weiß es noch)
über manchen Reiz der Landschaft,
deinen, Schwester, verglich ich damit.
Endlich, nach endlosem Sehnen:
Ideen. …
Entzückt sah ich
die Familie der Iridaceen
in diesem neuen Licht entstehen,
Aber die Schwester, zart und besonnen,
hat dem Blick nur ein Lächeln erlaubt,
und wieder versuchte ich sie
wie einst zu verstehen.

Kritischer Geist, weißt du nicht,
in dieser Stunde unseres Schweigens,
daß diese Lilienflut höher stieg
als unsere ganze Vernunft?
Und warum, wie es an Stränden tönt,
wenn sie in monotonen Spielen lügen,
willst du, daß Weite erschiene
in deinem unreifen Staunen?
Und hören, wie Himmel und Sterne
meinen Schritten endlos beweisen
durch die sich entfernende Flut:
dieses Land gab es nie?
Das Kind entsagt seinem Schwärmen,
und schon etwas welterfahren
sagt es das Wort: Anastasius,
wie geboren für ewiges Pergament,
ehe, im ahnenlosen Nirgendwo geborgen,
ein Grabstein lacht,
der, von der hohen Lilie verborgen,
den Namen Pulcheria trägt.

Worum geht es? Der ironische und zugleich feierliche »Schrieb« ist die bedeutendste Poetik, die Mallarmé in einem Gedicht formuliert hat, obwohl man mit einigem Recht sagen könnte, daß in jedem seiner Werke ein mehr oder weniger großes Bruchstück einer *ars poetica* steckt, hier ergänzt um eine milde – milde vor allem, weil er selbst 20 Jahre zuvor in ›Hérodiade‹ einen ähnlichen Irrweg gegangen war – Kritik am kalten, künstlichen und von Hérodiade schwärmenden Romanhelden des Esseintes.

Das Gedicht bewegt sich zwischen zwei Polen, die durch zwei Namen, Anastasius und Pulcheria, verkörpert werden; sie stehen für zwei Seiten der Poesie: Anastasius ist der unter Leiden Schöpferische, aber auch ein alt, senil und geschwätzig gewordener Hamlet, der Wissen und Weisheit wie Schmetterlinge oder Käfer zu konservieren versucht. Pulcheria ist die aus dem Nichts geborene Schönheit und die verlorene jungfräuliche Kindheit, und beide Seiten, so könnte man es deuten, dürfen sich nicht in ihrer künstlichen Trennung selbst bespiegeln wie bei des Esseintes, sondern müssen auf platonische Weise zu einer Einheit zusammenfinden.

38 L'Apparition (Die Erscheinung / Salomé), Gemälde von Gustave Moreau, 1876

Mallarmé ist nun auch bei den Tageszeitungen ein gefragter Mann. Dichter, natürlich nur solche, die sich einen Namen gemacht haben, sind begehrte Interviewpartner, die den desorientierten Menschen Sinn und Weg des Lebens weisen sollen. Der

Journalist Léo d'Orfer möchte von Mallarmé für seine Zeitung ›La Vogue‹ eine »Defintion der Poesie« und bekommt sie prompt: »Die Poesie ist der Ausdruck der durch die an ihren wesentlichen Rhythmus herangeführte menschliche Sprache, des geheimnisvollen Sinns der Existenz: So verwirklicht sie unseren Aufenthalt auf der Erde und stellt die einzige geistige Aufgabe dar.«

Für Mallarmé, der das französische Wort *poésie* stets großschreibt, hebt sich die Dichtung von der Alltagssprache vor allem dadurch ab, daß sie – diese elitär anmutende Unterscheidung findet sich schon im Ketzer-Essay des Zwanzigjährigen – keinem Zweck und Nutzen unterworfen ist. Mit Poesie ist aber nicht nur Lyrik gemeint, denn »immer, wenn eine stilistische Anstrengung vorhanden ist, entstehen Verse«. Doch auch Mallarmé weiß, daß der Mensch nicht mehr im Paradies lebt und es für ihn als soziales Wesen gefährlich wäre, wenn er sich einer Sprache bediente, die anderen nur schwer oder gar nicht verständlich ist. Insofern hat er nichts gegen die zweckgebundene Alltagssprache einzuwenden. Der Dichter hat aber die Aufgabe, all das zu seinem Thema zu machen, was die Alltagssprache vernachlässigen muß, er hat den ganzen Reichtum der Sprache auszuschöpfen. Was im Alltag unter den Tisch fällt, sind keine nutzlosen oder überflüssigen Schnörkel, sondern unerschlossene Dimensionen des Lebens. Die Eindimensionalität des Alltags verstümmelt den Menschen und nimmt seinem Leben jedes Geheimnis. Der Dichter aber sucht den »wesentlichen Rhythmus« und die Mehrdimensionalität, die paradoxerweise nicht in der Erweiterung, sondern in der Läuterung der Sprache liegt. Das ist die Aufgabe des Dichters, und wo sie nicht wahrgenommen wird, droht Seinsverlust: »Was aber bleibt, stiften die Dichter« (Hölderlin).

Ende des Jahres wird Mallarmé in der von Maurice Barrès geleiteten neuen Monatszeitschrift ›Les Taches d'Encre‹ besprochen, die sich gegen den allmählich zum Sensationsjournalismus verkom-

Ein neuer Gast stellt sich bei den *mardis* ein: der junge, etwas prahlsüchtige und zugleich melancholische Jean Moréas, der schon bald den Grundstein zur *Ecole symboliste* legen wird. Moréas schildert seinen ersten Besuch bei Mallarmé: »Seine hohe Dialektik bezauberte mich sofort ... Gewiß hatte Mallarmé etwas von einem Faun; aber an manchen Tagen hatte er die Gesten und die Anmut eines idealen Damenschneiders. Hatte er nicht ein merkwürdiges Modejournal redigiert, nicht weil er Geld brauchte, sondern aus Liebe zu dieser Kunst? Durch seine lebendige Rede brachte

menden Naturalismus wendet und vor allem die Poesie von Baudelaire und Poe propagiert. Nach Ansicht von Barrès schreibt Mallarmé eine »symbolische Poesie«, die man mit einer »Gehirnbrille« lesen müsse. – Die jungen Leute haben das Schwelgen des Naturalismus im Gekröse der menschlichen Natur satt, sehnen sich nach einem leiseren, genaueren Ton, und sie finden ihn bei Verlaine und Mallarmé.

In einem vollbesetzten Theatersaal liest Mendès den ›Faun‹ vor einem andächtig lauschenden Publikum. Einer der jungen Zuhörer, René Ghil, der bald hervortreten wird, beschreibt den Eindruck dieser Lesung: »Wir hätten am liebsten aufgeschrien und uns vervielfältigt, mit einem Schlag fühlten wir, daß etwas Unbekanntes, das uns nicht losließ, in Potenz anwesend war: Unser einstimmiger Applaus brandete auf und dauerte an, gespeist von irgendeiner ungewußten Energie des Protests, ja der Provokation!«

Das Theater, ob jubilierend oder höhnend, das man um seine Person veranstaltet, hat Mallarmé erschöpft, und im Frühjahr 1885 beantragt er eine Beurlaubung vom Unterricht, die ihm für sechs Monate gewährt wird. Er nutzt die Zeit, um den Kontakt zu Odilon Redon zu vertiefen. Auch mit diesem einsiedlerischen, visionären, wahrhaft symbolistischen Maler von Traum- und Wahnwelten – einem französischen Caspar David Friedrich und Vorbild Alfred Kubins –, den erst die Surrealisten entdecken und bewundern werden, fühlt sich Mallarmé innerlich verbunden. In der ›Revue indépendante‹ veröffentlicht er die beiden meisterhaften und dunklen Sonette ohne Titel ›Quelle soie aux baumes de temps‹ und ›Le vierge, le vivace‹. Dann ist er inmitten einer riesigen Volksmenge dabei, als sein erstes großes Vorbild, Victor Hugo, zu Grabe getragen wird.

Die *mardis*, die einen ungeheuren Zulauf erhalten haben, werden Mallarmé allmählich zuviel. Unter den Besuchern sind zu viele von der Sorte, die man heute *groupies* nennen würde, aber auch wahr-

er es fertig, aus dem Trikot einer Schauspielerin ein Thema zu machen, das Plato würdig gewesen wäre. Dieser Metaphysiker und Abstrakteur, der die Schönheit in ihrem, ich möchte sagen, unsichtbaren Aspekt kannte, konnte durch den Zauber, der in ihm war, aus den größten Nichtigkeiten des alltäglichen Lebens eine klare Quelle ästhetischen Vergnügens hervorsprudeln lassen.

Zitiert nach Mondor, 1941

haft Begeisterte wie der dreiundzwanzigjährige René Ghil, der von Mendès' Vortrag des ›Faun‹ so hingerissen war und Mallarmé gerade den Gedichtband ›Légendes d'âme et de sang‹ geschickt hat.

Im Sommer 1885 fahren Frau und Tochter allein nach Valvins, Mallarmé bleibt in Paris in der Hoffnung, wieder etwas arbeiten zu können. An seine beiden »Katzen« schreibt er, er komme nicht mehr länger ohne die »geistige Tinte des Schlafs« aus. Schon seit Tournon plagt ihn die Schlaflosigkeit, die mit den Jahren immer schlimmer wird. Im August erscheint in ›L'Art et la Mode‹ sein Prosagedicht ›Die weiße Seerose‹, Frucht seiner einsamen und träumerischen Bootsfahrten in Valvins. Nach der gleichsam vergewaltigenden Keuschheit Hérodiades zeigt dieses Gedicht, mit welch ironischer und zärtlicher Meisterschaft Mallarmé inzwischen die Erotik des Abwesenden und Nichtberührens zu beschwören weiß.

Im Oktober wird Mallarmé an ein anderes Gymnasium, das Collège Rollin, versetzt, seine letzte berufliche Station bis zum vorzeitigen Ruhestand.

Haupt der Symbolistischen Schule

Ich sah das Mögliche des Wirklichen.
Und das bin ganz ICH …
Paul Valéry

Im Januar 1886 erscheint Mallarmés Gedicht »Hommage an Wagner‹ in ›La Revue wagnérienne‹, dessen Hermetismus die literarische Welt in fiebrige Aufregung stürzt und seine Schüler zu erfindungsreichen, allerdings oft widersprüchlichen Analysen herausfordert. Im April folgen in der ersten Nummer der neuen, von Gustave Kahn und Léo d'Orfer herausgegebenen Zeitschrift ›La Vogue‹ drei Prosagedichte: »Herbstklage«, »Winterfrösteln«, »Das Phänomen der Zukunft.« Von Rimbaud, der längst im fernen Afrika mit Königen um Kaffee- und Waffenpreise schachert, erscheint das Gedicht »Les Premières Communions«. In den nächsten Nummern finden sich weitere Gedichte und Artikel Mallarmés sowie die »Illuminations« von Rimbaud. Mit »Marine« von Rimbaud ist der *vers libre* geboren, und eine endlose Debatte beginnt. In derselben Zeitschrift erscheint im Juli ein Artikel über Mallarmé von Théodore de Wyzewa, einem seiner ersten wirklich ernstzunehmenden Exegeten. Darin heißt es prophetisch: »Er hat ein neues Buch erträumt … In Zukunft wird seine Seele immer den vergeblichen unruhigen Traum der Vollkommenheit verfolgen.«

Am 18. September 1886 erscheint in der Beilage des ›Figaro‹ ein »Symbolistisches Manifest«, in dem Jean Moréas die neue Poesie definiert: »Um die Vorläufer der neuen Schule auszumachen, müßte man auf einige Gedichte von Alfred de Vigny, auf Shakespeare, auf die Mystiker und noch weiter zurückgehen. Diese Fragen ver-

Hermetische Literatur, so genannt nach dem sagenumwobenen ägyptischen Weisen und Magier Hermes Trismegistos, der die Kunst erfunden haben soll, mit einem geheimnisvollen Siegel eine Glasröhre luftdicht zu verschließen, entzieht sich durch die Verwendung seltener Wörter und schwieriger Symbole einem breiteren Leserkreis und wendet sich vor allem an in ihre Künste und Symbolwelten Eingeweihte. Als Vater aller Hermetiker gilt der griechische Philosoph Heraklit. Im 19. Jahrhundert erntete vor allem Mallarmé den Vorwurf, hermetische Dichtung zu schreiben, im 20. Jahrhundert in Deutschland etwa George, Kafka und Celan.

Darum, Genie! leide ich, der Bescheidene, von einer ewigen Logik gezähmt, o Wagner, und werfe mir vor, in mutlosen Minuten, nicht zu den Zahllosen zu zählen, die, angeödet von allem, um das letzte Heil zu finden, geradewegs auf das Gebäude deiner Kunst zugehen, für sie das Ende des Wegs. Er öffnet, dieser unbestreitbare Portikus, in Jubelzeiten, die sie für kein einziges Volk sind, einen Gastraum gegen das Ungenügen des Selbst und die Dürftigkeit der Vaterländer.

›Richard Wagner, Träumerei eines französischen Poeten‹, 1885

langten einen ganzen Band von Kommentaren, sagen wir also, daß Charles Baudelaire als der wahre Vorläufer der aktuellen Bewegung angesehen werden muß; Stéphane Mallarmé fügt ihm den Sinn des Mysteriums und Unsagbaren hinzu; Verlaine zerbrach … die grausamen Fesseln des Verses, welche die Zauberfinger von Théodore de Banville zuvor gelockert hatten … Feindin der Lehre, des Schwulstes, der falschen Gefühle, der sachlichen Beschreibung, sucht die symbolistische Poesie, die Idee in eine sinnliche Form zu kleiden, die allerdings noch nicht das Ziel, sondern der Idee, der sie dient und die sie auszudrücken hat, untergeordnet ist. Die Idee ihrerseits darf sich nicht die Prunkgewänder der äußerlichen Analogien rauben lassen, denn das Wesen der symbolistischen Kunst besteht darin, niemals so weit zu gehen, daß sie die Idee selbst gestaltet. So sollen sich in dieser Kunst die Schauspiele der Natur, die menschlichen Handlungen, alle konkreten Erscheinungen nicht selbst darstellen: Sie sind nur sinnlicher Schein, dazu bestimmt, ihre esoterischen Verwandtschaften mit den ursprünglichen Ideen zu entfalten.«

Nun jagen sich die Manifeste, neue Zeitschriften schießen wie Pilze aus dem Boden, die Gründerzeit der Poesie hebt an. In der literarisch interessierten Öffentlichkeit wird das Gespräch abstrakter. Am 22. September erscheint der ›Traité du Verbe‹ von René Ghil mit einem wichtigen Vorwort von Mallarmé, an dem er zusammen mit Ghil in Valvins gearbeitet hat: »Ich sage: eine Blume! Und aus

Die vor allem von Baudelaire, Rimbaud und Mallarmé entdeckte Wortmagie hängt auch mit einem damals in Künstlerkreisen gepflegten Brauch zusammen: Man kifft. Haschisch und Opium sind ›in‹ und öffnen neue »Pforten der Wahrnehmung« (Aldous Huxley). Über den Haschischrausch schrieb schon Baudelaire als Kenner: »Die Grammatik, selbst die trockene Grammatik wird so etwas wie ein Evokationszauber, und die Wörter stehen leibhaftig in Fleisch und Knochen auf.« Ob Mallarmé, obwohl er deren Konsum befürwortete, außer Tabak und Alkohol jemals Drogen genommen hat, ist zweifelhaft. Er war, wie

dem Vergessen, wo meine Stimme keinen Umriß verbannt, steigt sie musikalisch auf, die etwas anderes ist als alle bekannten Kelche, die Idee selbst und sanft, die in allen Sträußen Abwesende.«

Es melden sich auch skeptische Stimmen, so etwa Anatole France: »Meine Verwirrung rührt vor allem daher, daß ich nicht genau weiß, was Symbolismus ist. Sicher, Jean Moréas hat ihn erklärt. Aber es ist auch wahr, daß man seiner Erklärung nur schwer folgen kann ... Wenn ich es wagen darf, würde ich Ihnen einen Vorläufer nennen, den Sie übersehen haben, es ist Lycophron. Mir scheint, er ist so esoterisch wie möglich und auch hinreichend komplex ... Ich halte ihn für den ersten Symbolisten.«

Das als Anekdote überlieferte Streitgespräch zwischen dem Naturalisten Zola und dem Symbolisten Mallarmé – Zola: »Dreck oder Diamant, alles ist Natur.« – Mallarmé: »Doch scheint der Diamant mir seltener zu sein.« – thematisiert nur vordergründig den Konflikt zwischen Naturalismus und Symbolismus, im Grunde geht es um etwas ganz anderes, nämlich die Auffassung des Symbols.

Symbole kommen in unterschiedlichen Aggregatzuständen vor, sehr kompakten und sehr sublimen. Je näher der Mensch an seiner Natur bleibt, desto kompakter sind seine Symbole (der Dreck Zolas), je weiter er sich von ihr entfernt, desto sublimer werden sie (der Diamant Mallarmés), bis sie an jene äußerste Grenze geraten, wo das Symbol wie in einem mystischen Erlebnis absorbiert wird. Man könnte den Wechsel dieser Aggregatzustände mit einer Gebirgstour vergleichen: Die Luft wird dünner, je höher man steigt, am Ende

Mallarmé kritisiert René Ghils Verwendung gelehrter und ausgefallener Wörter; er bekennt sich zu den einfachen: »Ich verwende nur sie! Es sind die gleichen Wörter, die der Bürger jeden Morgen liest, die gleichen! Aber ... wenn sie ihm in einem alten Gedicht begegnen, versteht er sie nicht mehr! Das kommt daher, daß ein Dichter sie neu geschrieben hat.«

Zitiert nach Mondor, 1941

Hölderlin, Asket; seine Bewußtseinserweiterungen beruhen eher auf dem rätselhaftem *déjà vu* einer inneren Zeit, es sind Produkte einer »heiligen Nüchternheit« (Hölderlin), denn »die Seele ist das stärkste Gift« (Novalis).

droht das Ersticken. In diese höchste, annähernd symbolfreie Zone strebt der poetische Ehrgeiz Mallarmés, und seine Grunderfahrung dabei ist eine religiöse. Wie die Alten Griechen setzt er all seine Kraft in einen Todeslauf, dessen Botschaft lautet: Gott, wir fliehen Deine Schrift, um vielleicht unsere eigene zu finden, wir laufen vor Dir weg, um Dich vielleicht zu erreichen. Denn anders als der ›aufgeklärte‹ Atheist oder Agnostiker, der in Gott ein Symbol des Menschen sieht, sieht der Dichter im Menschen ein Symbol Gottes.

Aus Valvins zurück in Paris findet Mallarmé wieder in seinen gewohnten Lebensrhythmus: Gymnasium, Erholung bei Méry, *mardis*, einige Theaterbesuche. Ansonsten webt er, wie er etwas wehmütig bemerkt, an seinem »Penelope-Teppich«. Im November beginnt er mit der Veröffentlichung seiner »Notizen zum Theater« (später: »Dem Theater angekreidet«) in der ›Revue indépendante‹. Bis zum Sommer des folgenden Jahres werden dort neun Artikel von ihm erscheinen. Es sollten, nach dem Willen des Herausgebers, lockere Plaudereien werden, tatsächlich sind es aber wunderbare Sprachkunststücke, in denen der Keim zu einem neuen Theater schlummert, doch um sie in ihrer Komplexität zu begreifen, ist es erforderlich, die Lesegeschwindigkeit drastisch herabzusetzen.

Mallarmés Theater kennt einen Helden, Hamlet, der nichts weiter als ein Sinnbild des Allgemeinen, Überindividuellen ist. Alles, was sonst auf der Bühne erscheint, selbst die Kulissen, sind nichts als Aspekte des Helden: Polonius ein altgewordener Doppelgänger Hamlets, Ophelia eine Spiegelung seiner jungfräulichen Kindheit. Mallarmé macht, gewiß recht kühn, zwei Hauptgestalten des Shakespeareschen Dramas zu Spiegeln mit keinem anderen Zweck als dem, bestimmte Züge des Helden zu beleuchten, der wiederum nichts anderes ist als der Träger einer Idee. Das nennt man Symbolismus.

Im Januar 1887 erscheint das bereits 20 Jahre zuvor entstandene Sonett-Tryptichon »Tout orgueil«, »Surgi de la croupe«, »Une den-

Die französische Außenpolitik der achtziger Jahre des letzten Jahrhunderts war durch weitgespannte **koloniale Expansionen** bestimmt. 1881 wurde Tunis besetzt, 1883 bemächtigte sich Frankreich Annams. Es folgte der Krieg gegen China um Tongking. Ab 1888 wurden Kambodscha, Cochinchina, Annam und Tongking unter dem Namen »Französisch Indochina« zusammengefaßt. In der Bevölkerung stieß die ruinöse Kolonialpolitik auf zum Teil heftigen Widerstand. Viele Strömungen waren sich in der Auffassung einig, daß Frankreich seine Aufmerksamkeit und Kräfte nicht von der deutschen Grenze abziehen dürfe.

telle s'abolit« in der ›Revue indépendante‹. Es sind Gedichte der Absenz: ein leeres Zimmer, ein Grab, in dem nur eine Weigerung ruht, eine leere Schale, ein Zimmer ohne Bett, voll ewiger Leere. Im Oktober bringt der Verlag der ›Revue indépendante‹ die gesammelten ›Gedichte‹ im Faksimile der Handschrift Mallarmés und mit einem fast kitschigen allegorischen Titelbild von Félicien Rops auf Japanpapier in nur 47 Exemplaren heraus. Von dem jungen belgischen Dichter und späteren Freund Stefan Zweigs, Emile Verhaeren, kommt das erste und höchste Lob: »Mallarmé ist das größte klassische Genie, das es heute in Frankreich gibt.« Der etwas verlegene Dank Mallarmés erfolgt prompt, doch der gerade zum Haupt einer neuen literarischen Schule Gekrönte unterläuft die unwillkommene Krönung mit der ihm eigenen subversiven Höflichkeit, indem er nur das Etikett »klassisch« für sich akzeptiert. Im Alter von 45 Jahren hat Mallarmé seinen ersten – nicht gedruckten, sondern im Grunde handgeschriebenen – Gedichtband veröffentlicht.

Für Méry schreibt er als Widmung zum Jahr 1888 das Sonett ›Méry, sans trop d'aurore à la fois enflammant‹. Am Ende des schwierigen und zugleich betörenden Gedichts nennt er ihre Freundschaft »eintönig von Geburt an«, der das Gedicht einen frischen Windhauch zufächeln möge. Wie schon in einem früheren, ebenfalls Méry gewidme-

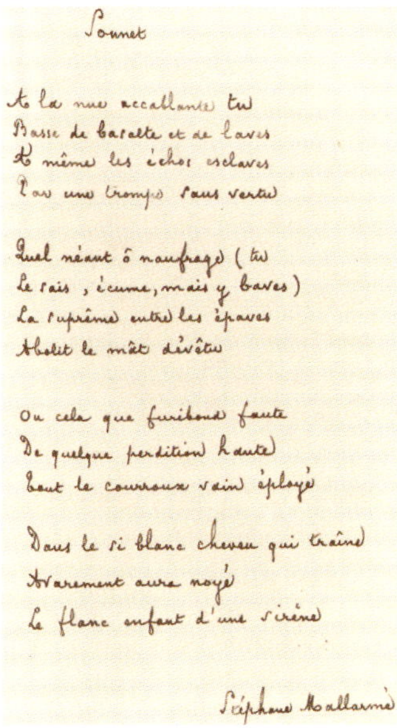

Sonnet

A la nue accablante tu
Basse de basalte et de laves
A même les échos esclaves
Par une trompe sans vertu

Quel néant ô naufrage (tu
Le sais, écume, mais y baves)
La suprême entre les épaves
Abolit le mât dévêtu

Ou cela que furibond faute
De quelque perdition haute
Tout le courroux vain éployé

Dans le si blanc cheveu qui traîne
Avarement aura noyé
Le flanc enfant d'une sirène

Stéphane Mallarmé

39 Eine Seite aus dem Sonett-Triptychon in Mallarmés Handschrift (1887)

40 Stéphane Mallarmé. Lithographie von James Whistler, 1893

ten Gedicht erscheint der Fächer als Symbol für das Gedicht, für Dichtung überhaupt.

Das neue Jahr beginnt mit einer Attacke des Literaturkritikers Jules Lemaître gegen die Symbolisten, die er in einem Zeitungsartikel *fumistes* – Blender oder vielmehr Nebelmacher – nennt, ein Epitheton, das zum geflügelten Schimpfwort für die Symbolisten wird. Die Freundschaft mit dem amerikanischen Maler Whistler, der den Impressionismus mit der japanischen Kunst zu verbinden sucht, wird enger. Der Maler William Rothenstein, ein gemeinsamer Bekannter, schreibt: »Ich denke, Whistler hing an Mallarmé so sehr wie nur an irgendeinem Lebenden.« 1893 zeichnet Whistler aus dieser Sicht eines Liebenden das wie hingehauchte Portrait des Freundes, das Mallarmé, der sich gesehen sieht, eine »Biographie« nennt. Rodin urteilt über die Lithographie: »Einen andern Mallarmé kann man nicht machen. Dieser ist vollendet«, und Kurt Wais schreibt: »Hatte Manet den noch ringenden, innerlich zerrissenen Schüler Baudelaires dargestellt, so zeigte Whistler den behutsamen, weltenthobenen Träumer Mallarmé, der gleichsam gewichtlos am Kamin lehnte (und sich übrigens dabei, um den zeichnenden Freund nicht zu stören, richtige Brandwunden holte).«

Whistler lockert die bisweilen etwas zu weihevolle Atmosphäre der *mardis* auf. Er hat zuvor in London gelebt und dort mit seinem

James Abbott McNeill Whistler (1834–1903), amerikanisch-englischer Maler. Whistler gehörte ab 1855 in Paris zu dem Kreis um Courbet, Manet, Degas, Fantin-Latour und Monet. Seine impressionistischen Radierungen und Lithographien stellen meistens Motive aus London oder Venedig dar. In seinen Gemälden verbinden sich impressionistische Auflösung der Form mit dekorativen Kompositionswirkungen. Whistler hatte stets eine Neigung für das dekorativ Schöne. In diesem Sinn wurde er von der ostasiatischen, besonders der japanischen Kunst beeinflußt. Der Künstler zählt zu den Wegbereitern des Jugendstils.

aggressiven Vortrag ›Ten o'clock‹ die lebhafte Feindschaft einiger englischer Dichter, unter anderem seines früheren Freundes Swinburne, geerntet. Diesen Vortrag beginnt Mallarmé zu übersetzen; ein junger Mardist, der ebenfalls in Amerika geborene Poet Viélé-Griffin, hilft ihm, die versteckten Anspielungen auf das englische Leben zu verstehen. Auch George Moore wird zu Rate gezogen. Die Übersetzung erscheint im Mai in der ›Revue indépendante‹.

An einem *mardi* in diesem Frühjahr geschieht etwas Ungewöhnliches: Es kommt fast zum Streit mit dem jungen André Ghil, der einen eher wissenschaftlichen Symbolismus befürwortet und sich damit von der *poésie pure* entfernt. Mallarmé unterbricht Ghils Ausführungen mit einem schroffen: »Nein, Ghil, auf Eden kann man nicht verzichten.« Enger wird dagegen die Freundschaft mit Octave Mirbeau, obwohl er kein Symbolist, sondern eher ein Romantiker mit anarchistischen Neigungen ist.

Mallarmé besucht nun häufiger Konzerte, um »von Angesicht zu Angesicht mit dem Unsagbaren« zu sein. Mit Méry und Henri de Régnier, der einige Aussprüche Mallarmés überliefert hat, macht er Spaziergänge im Bois de Boulogne. Beim Anblick eines Ruderers, der einen Zylinder trägt, sagt Mallarmé: »Schaut euch diesen Traumschiffer an: Dieser schöne Hut ist für ihn der Schornstein eines Dampfers, von dem er träumt.« Der junge Dichter genießt diese Miniaturen des Meisters, die nicht immer so harmlos sind: »Wenn ein Mann um die Dreißig, nachdem er die Blume seiner Zeitgenossen genossen und seine Untersuchung des Lebens abgeschlossen hat, sich absondern, konzentrieren und zu sich selbst zurückkehren will, präsentiert ihm die auf diese Flucht eifersüchtige Menge jemanden, der ihr Vertreter ist: seine Frau.« Aber nicht nur die Menge, auch die im Scheinwerferlicht badenden Vertreter einer beschreibenden oder auch beschreienden Literatur neiden dem Dichter seine – um einen Zentralbegriff der stoischen Existenzphilosophie Ernst Jüngers zu gebrauchen – souveräne *désinvolture*.

Der Dichter **Henri de Régnier** (1864–1936) war einer der ersten Mardisten und mit Mallarmé gut befreundet. Nach einer Phase, in der er symbolistisch dichtete, wandte er sich wieder vom Symbolismus ab und schrieb von da an längst überlebte Parnasse-Lyrik.

Im Juli erscheinen nach endlosem Streit mit seinem Pariser Verleger Vanier beim Brüsseler Verleger Deman ›Die Gedichte von Edgar Poe‹ in Mallarmés Übersetzung, die er seinem Vorbild widmet. Gegen Jahresende kommen sie auch bei Vanier heraus, diesmal mit einer Widmung an Baudelaire. Mallarmé hat, wie er selbst sagt, die Gedichte Poes vor allem deshalb übersetzt, damit kein Kleingeist sich an ihnen vergreifen könne, doch wie vielen übersetzenden Dichtern gelingt es auch ihm nicht, den eigenen dichterischen Ton zu unterdrücken.

Im August folgt er Méry und ihrem Zahnarzt ins Kurbad Royat. Dieser Abstecher ins mondäne Leben gefällt ihm, »ein plötzlicher Ortswechsel … erfrischt den Geist und vertreibt den Staub der Gedanken«, schreibt er an die Daheimgebliebenen. Der »Pfau« Méry entfaltet seine ganze schwelgerische Extravaganz und ist gerührt angesichts des in dieser Welt des Luxus linkischen Benehmens Mallarmés, der offenbar auch einen erotischen Annäherungsversuch unternimmt.

Im März 1889 organisiert er zusammen mit Huysmans und Léon Dierx die *cotisation amicale*, einen Freundschaftsfonds zur Unterstützung des bettelarmen und an Magenkrebs erkrankten Villiers; jeder, der sich für einen Freund Villiers' hält, soll fünf Francs im Monat geben. Auch Méry zahlt, schickt regelmäßig Blumen und

41 Mallarmé und die Gruppe der ›Revue indépendante‹. Studie von Jacques Emile Blanche, 1889

Eßkörbe. Im Juli wird Villiers in die Klinik der Frères de Saint-Jean-de-Dieu in Paris eingeliefert, wo er auf Drängen des Katholiken Huysmans am 14. August *in extremis* die Mutter seines am Vortag anerkannten Sohnes Victor heiratet; Trauzeugen sind Huysmans und Mallarmé. Es muß ein groteskes und makabres Schauspiel gewesen sein: Ein Graf und Malteserritter heiratet auf dem Sterbebett eine analphabetische Putzfrau. In der Nacht zum 19. August verläßt, ohne Todeskampf sanft entschlafend, der Dichter der ›Grausamen Märchen‹ diesen »Planeten, an den man sich einmal erinnern wird«. Mallarmé hat seinen besten Freund verloren und wird seiner in einem bemerkenswerten Essay gedenken.

Anfang September fährt Mallarmé mit der Eisenbahn wieder nach Royat zu Méry, für die er neckische Vierzeiler verfaßt.

Der angeblich so dunkle, sterile, unverständliche, elitäre und volksferne Mallarmé schreibt immer wieder kleine Gelegenheitsgedichte, Epigramme auf Fächer, in Alben, auf Handtücher, Bonbontüten, Wassergläser, sogar auf Ostereier, die er seiner Familie, Méry, Personen aus seinem Freundeskreis, Kindern, Katzen und Hunden widmet. Auch legt er nach und nach, vor allem um Méry zu unterhalten, eine Sammlung Pariser Typen an, die später als ›Leise Lieder‹ in seinem Gesamtwerk erscheinen werden. Hier skizziert er Schuhmacher, Gewürzverkäuferinnen, Straßenarbeiter, Knoblauch- und Zwiebelkrämer, Arbeiterfrauen, Zeitungsausrufer, Kleidertrödlerinnen, und auch der von Baudelaire so grausam geschmähte Glaser taucht bei ihm in eher heiter-ironischem Licht auf:

»Will die Sonne schnell noch baden
kurz vor ihrem Tageslauf
hängt auf des Glasers Rückenladen
erst ihr Strahlenhemd sie auf.«

Warum soll ich bloß
mein Mondscheinkleid tragen?
Bin ich doch Göttin und könnte
auch keines ertragen.

Gelegenheitsgedicht für Méry Laurent, 1889

Als Villiers' Testamentsvollstrecker publizieren Mallarmé und Huysmans Anfang 1890 dessen nachgelassenes Drama ›Axel‹, das den jungen Hofmannsthal inspirieren wird. Anfang Februar unternimmt Mallarmé eine Vortragsreise nach Belgien, wo er ein hochgeschätzter Dichter ist. In Brüssel, Antwerpen, Gent, Lüttich und Brügge liest er aus seinem Essay über Villiers, doch trotz des großen Wohlwollens von seiten des meist jungen Publikums bleibt die Reaktion zurückhaltend – was kein Wunder ist, denn der Text ist selbst bei konzentriertester Lektüre kaum nachzuvollziehen und muß als Vortrag sogar das beste Publikum heillos überfordern.

Maria und vor allem Geneviève, die allmählich in die Rolle einer Sekretärin oder Managerin ihres Vaters hineinwächst, zittern und bangen aus der Ferne mit. Aber der Bühnendebütant lernt rasch, und nachdem er seinen Vortrag stark gekürzt hat, erntet er nicht nur höflichen Beifall. In dem charmanten Plauderer der *mardis* steckt auch ein Schauspieler, der imstande ist, ein größeres Publikum zu hypnotisieren. Die Vorträge bringen recht viel Geld ein, worauf Mallarmé sehr stolz ist. In Brüssel, wo er seinen Vortrag zweimal hält, besucht er seinen Freund Odilon Redon, der ihm die Stadt zeigt und mit ihm die Museen besucht. Daheim sammelt eine ebenso eifrige wie besorgte Geneviève jeden Zeitungsartikel, der ihren Vater erwähnt.

In Paris wiederholt er seinen Vortrag im Atelier von Berthe Morisot vor einem prominenteren und anspruchsvolleren Pu-

42 Berthe Morisot mit Veilchenstrauß. Gemälde von Edouard Manet, 1872. Die Malerin Berthe Morisot (1841–1895) war eine Schülerin von Camille Corot. 1874 beteiligte sie sich an der ersten Ausstellung der Impressionisten. 1868 lernte sie Edouard Manet kennen, wurde sein Lieblingsmodell und heiratete 1876 dessen Bruder Eugène. Einmal lud sie Mallarmé zu einem Abendessen ein, zu dem auch Monet und Renoir geladen waren. Von Berthe gefragt, warum er solche schwierigen Artikel schreibe, antwortet Mallarmé: »Für meine Köchin würde ich auch nicht anders schreiben.«

blikum. Anwesend sind etwa 40 Personen, darunter Maria und Geneviève, natürlich die Gastgeberin Berthe Morisot, Régnier, Renoir, Monet und Degas. Mallarmé, blaß vor Lampenfieber, beginnt mit fast zitternder Stimme seinen Vortrag: »Ein Mann, traumgewohnt, wird hier von einem andern reden, der tot ist.« Der Vortrag macht Eindruck, doch Degas wird zunehmend unruhig und verläßt schließlich mit einem galligen »Ich verstehe kein Wort!« den Raum. Der Vortrag wird in gleich zwei Pariser Zeitschriften abgedruckt.

Ende Oktober erhält Mallarmé den Brief eines Studenten aus Montpellier, Paul Valéry, den seine Poesie »wie ein Schock« getroffen hat und der sein bedeutendster Schüler wird. Mallarmé antwortet: »Was Ratschläge betrifft: Nur die Einsamkeit erteilt sie, und ich beneide Sie um sie, denn ich erinnere mich an die Stunden in der Provinz und meiner Jugend, die ich dort unten in Ihrer Nähe verbracht habe und die ich nie wiederfinden werde.«

Mallarmé steht im Zenit seines Ruhms. Er wird bombardiert mit Büchern, die Besprechungen, Erwähnungen, Komplimente erwarten, mit Korrespondenz, die erledigt werden muß – und anders als Baudelaire, der keinen Brief beantwortete, antwortet er auf jeden –, mit Anfragen, Umfragen, Interviews, Artikeln, Manifesten, Pamphleten, mit Einladungen zu Banketten oder Aufforderungen, ihnen vorzusitzen. Kein Wunder, daß Mallarmé sich nach der stillen Provinz zurücksehnt.

Die Einladung von Moréas, anläßlich des Erscheinens seines Gedichtbandes ›Le Pèlerin Passionné‹ einem Festessen zu präsidieren,

Der Oberst schien ganz Ohr zu sein, ließ den großen Mann aus Paris keine Sekunde aus den Augen und schien jeden seiner Sätze gierig zu schlürfen. Das dauerte einige Minuten. Dann änderte sich der Gesichtsausdruck des Haudegens. Sein Lächeln gefror unter seinem Eroberersschnauzbart. Der Blick wurde feierlich und hart. Da er wohl seinen Ohren nicht traute, schien er, was diese merkwürdige Rede betraf, den Saal zu befragen und dann den Redner genau unter die Lupe zu nehmen. Aber diese Prüfung beruhigte ihn nicht; er rutschte auf seinem Stuhl hin und her und zerrte ungeduldig an seinem aggressiven Schnauzbart. Mallarmé, der den Anblick des Aufgeregten sorgfältig mied, setzte seine große Lesung fort. Doch der Krieger konnte sich nicht mehr länger zügeln. Seine ohnehin violetten Bakken wurden noch röter. Plötzlich sprang er auf, verließ seinen Platz und rief mit einer eher im Kommandieren als im Komplimentemachen geübten Stimme: »Dieser Mann, der uns diesen unsäglichen Blödsinn vorliest, ist betrunken oder verrückt.« Dann verließ er säbelrasselnd und sporenklirrend den Saal.

Henri Mondor über einen Vortrag in Antwerpen, 1890

kann er nicht ablehnen. Alle verfeindeten Schulen, Lager und Richtungen treffen sich im Februar 1891 auf diesem tumultuös verlaufenden Bankett, und Mallarmé gelingt es von Anfang an nicht, die Zügel in der Hand zu behalten. Es herrscht ein ohrenbetäubender Radau, und da keiner mehr etwas versteht, brüllt jeder seine Trinksprüche in den Saal. Man redet vom kranken Verlaine, dem hier ein kostenloses Saufgelage entgeht, vom abwesenden Banville, dessen Zerstreutheiten in letzter Zeit Anlaß zur Sorge geben, ein mit Diamanten besetzter Fettsack bittet Gauguin, ihn Baudelaire vorzustellen (der schon eine Weile tot ist), Tiraden, Bonmots, Lästereien, Prahlereien fliegen von Tisch zu Tisch, Barrès schimpft sich selbst einen antisymbolistischen Furzer, ein anderer ruft zur Revolte auf, kurz: ein ganz normales Künstlerbankett.

Eines Abends, Mallarmé hat über literarische Fruchtbarkeit gesprochen, appelliert Jules Laforgue an ihn, endlich seine in alle Winde zerstreuten Werke in einem Band zu sammeln. Er ist ein in die Jahre gekommener Dichter, der, abgesehen vom ›Raben‹ und ›Faun‹, noch kein einziges Buch im Druck veröffentlicht hat, nur »Brocken« da und dort, um »die Hand zu beschäftigen«. Vom künftigen Werk sind nur Fetzen vorhanden, die sich bestenfalls dazu eignen, in einem »Album« gesammelt zu werden.

Mitte November schickt er seinen berühmten autobiographischen Brief an Verlaine für dessen Artikelreihe ›Leute von heute‹. Der Brief ist eine kurze und präzise Lebensbilanz, etwa: »Ich habe immer von etwas anderem geträumt und, mit der Geduld eines Alchimisten, etwas anderes versucht, bereit, dafür jede Eitelkeit und jede Befriedigung zu opfern, wie man einst seine Möbel und Dachbalken verbrannte, um damit den Herd des Großen Werkes zu befeuern. Was? Das ist schwer zu sagen: ein Buch, ganz einfach ein Buch, in mehreren Bänden, ein Buch, das auch ein Buch wäre, als ein mit Vorbedacht errichtetes Bauwerk, und keine Sammlung zufälliger, sei es auch wunderbarer Einfälle … Das ist das Eingeständnis meines La-

Gauguin versucht in seiner Mallarmé-Radierung als einziger Maler ein symbolhaftes Portrait des Dichters (s. S. 147): »Die obere Hälfte des Bildraums gehört dem großen Rätselpartner, dem Dunkel, aus welchem der krumme Schnabel eines Raben sich reckt wie ein Damoklesschwert. Keiner von all den heiteren Impressionisten hat so wie Gauguin, dieser Enkel einer Peruanerin, den nächtlichen Mallarmé erfaßt. Mit weit offenen Augen, weit lauschenden Ohren und zusammengebissenem Mund, einsam der Dichter.
Kurt Wais, 1952

sters, in aller Nacktheit, lieber Freund, das ich tausendmal zurückgewiesen habe, mit gemartertem oder trägem Geist, aber es beherrscht mich, und vielleicht wird es gelingen; nicht dieses Werk in seiner Gesamtheit zu schaffen (man müßte dann schon weiß Gott wer sein!), aber ein fertiges Stück davon zu zeigen, rühmliche Echtheit darin schillern zu lassen und alles Übrige, für das ein einziges Leben nicht ausreicht, nur anzudeuten. Durch die geschaffenen Teile zu beweisen, daß dieses Buch existiert und daß ich wenigstens das gekannt habe, was ich nicht schaffen konnte.

Nichts ist einfacher, aber ich habe mich nicht beeilt, die tausend bekannten Brocken zu sammeln, die mir von Zeit zu Zeit das Wohlwollen von charmanten und exzellenten Geistern eingebracht haben, Sie waren der erste! All das hatte keinen anderen augenblicklichen Wert, als meine Hand zu beschäftigen: Und mag auch das eine oder andere dieser Stücke manchmal gelungen sein, so können sie zwar ein Album, aber kein Buch bilden ... Das ist mein ganzes, aller Anekdoten bares Leben, die Kehrseite dessen, was seit langem die großen Zeitungen wiedergekäut haben, wo ich immer als sehr seltsam galt: Ich kann noch so sehr suchen, ich sehe nichts anderes, ausgenommen die alltäglichen Verdrießlichkeiten, die inneren Freuden und Trauerfälle. Überall einige Erscheinungen, wo man ein Ballett gibt oder Orgel spielt, meine beiden einander fast widersprechenden Kunstleidenschaften, doch ihr Sinn wird sich erst zeigen, und das ist schon alles. Ich vergaß meine Fluchtversuche, sobald mich Geistesmüdigkeit zu sehr überwältigte, an die Ufer der Seine und in den Wald von Fontainebleau, an einen Ort, der seit Jahren derselbe ist: Hier komme ich mir wie verwandelt vor, ergriffen allein von der Flußbefahrung. Ich ehre den Fluß, in dessen Wasser man ganze Tage ertränken kann, ohne den Eindruck von Zeitverschwendung zu haben, ohne den Schatten eines Gewissensbisses. Ich bin bloß ein einfacher Spaziergänger in einer Mahagonijolle, aber ein furioser Segler, der stolz ist auf seine Flotte.«

Die älteste Form des **Buches**, das für die Epen von Homer (8. Jahrhundert v. Chr.) schon vorausgesetzt werden kann, bilden Papyrusrollen. Bedingt durch Streitigkeiten mit Ägypten, dem Herkunftsland des Papyrus, wurde in Pergamon das Pergament entwickelt (2. Jahrhundert v. Chr.). Pergament eignet sich schlecht zum Rollen, so daß man im 4./5. Jahrhundert zur Form des Codex, also durch Riemen oder Ringe in Heftform zusammengebundene und mit einer Wachsschicht überzogene Elfenbein- oder Holztafeln, überging. Um 1300 kam das preiswerte Papier auf, das eine weitere Verbreitung des Buches ermöglichte.

Soweit die »Autobiographie.«

Als der kunstliebende Tyrann von Athen Peisistratos nach der Sage den Auftrag erteilte, Homers ›Ilias‹ und ›Odyssee‹ auf Papyrus niederzuschreiben, konnten die Athener Homers Werk, das sie bis dahin nur im Vortrag gehört hatten, auch sehen und anfassen. Seitdem ist das Buch in unserer Kultur allgegenwärtig. Aus diesem Alltagsgegenstand hat Mallarmé in einer lebenslangen metaphysischen Meditation eine Utopie gemacht. Ihm fällt auf, »daß ein Architekt, ein Rechtsgelehrter, ein Arzt, um seine Konstruktion oder Entdekkung zu vollenden, sie in den sprachlichen Bereich hebt: kurz, daß alles, was dem Geist entspringt, sich wieder integriert. Im allgemeinen, belanglos der jeweilige Gegenstand.« Nicht nur vom Schriftsteller also wird das Buch als ein Ort betrachtet, geistige Schätze sicher – und durch ihre Weiterwirkung zinsbringend – zu verwahren. Doch Mallarmé geht es um mehr als das. Sein Buch soll »die orphische Erklärung der Welt« enthalten, aber sein Ziel ist nicht die Poetisierung der Welt, sondern ihr poetisches Modell aus der Sicht eines einzelnen Schriftstellers: eine persönliche poetische Ontologie.

Die Hinweise im Brief an Verlaine auf ein alchimistisches Werk, ein Zauberbuch, deuten auf eine umfassendere Konzeption. Mallarmé will eine Art Bibel der Poesie erschaffen, in der die Gesetzestafeln eines einzigen Dichters niedergeschrieben sind. Das ist »das literarische Spiel schlechthin«, das in unserem Jahrhundert und in der Nachfolge Mallarmés Michel Leiris in seinem vierbändigen Buch ›Die Spielregel‹ versucht und bis an die Grenzen des Selbstmords getrieben hat. Es geht also um ein Lebens-Werk, die Summe einer dichterischen Weltsicht. Mallarmé glaubt nicht, daß er dieses Werk schaffen kann, ihm genügt es, in ausgeführten Bruchstücken zu beweisen, daß es möglich ist. Anders als Flaubert schwebt ihm kein solipsistischer Gegentraum zur häßlichen Außenwelt vor, auch

Was mir schön erscheint und was ich machen möchte, ist ein Buch über nichts, ein Buch ohne äußere Bindung, das sich selbst durch die innere Kraft seines Stils trägt, so wie die Erde sich in der Luft hält, ohne gestützt zu werden, ein Buch, das fast kein Sujet hätte, oder bei dem das Sujet zumindest fast unsichtbar wäre, wenn das möglich ist. Die schönsten Werke sind jene, die am wenigsten Materie enthalten; je mehr der Ausdruck sich dem Gedanken nähert, je enger das Wort daran haftet und verschwindet, um so schöner ist es. Ich glaube, daß die Zukunft der Kunst in dieser Richtung liegt. *Gustave Flaubert, ›Briefe‹, 1977*

nicht die Errichtung einer Scheidewand zwischen ›wesentlicher‹ Literatursprache und ›zufälliger‹ Alltagssprache oder die Schaffung eines *univers particulier* im Sinne von Proust, Joyce oder des *nouveau roman*. Dafür ist er als Dichter zu unbescheiden und als Denker zu universalistisch. Gewiß war das der Traum des jungen Mallarmé, wie er in seinem Ketzer-Essay tönt, als er noch glaubte, die Literatur vor banausischem Zugriff schützen zu müssen. Doch diese ästhetische Zimperlichkeit und aristokratische Unberührbarkeit treibt er sich aus. ›Hérodiade‹, ›Faun‹ und ›Igitur‹ sind Etappen der Dämonenaustreibung, an deren Ende eine fast Goethesche Heiterkeit steht, die freilich wie bei Goethe auch (»Der Mensch muß immer wieder ruiniert werden«) eine »Heiterkeit der Schiffbrüche« (Ungaretti) bleibt.

Mallarmés Utopie ist zugleich objektiv und subjektiv, sie umfaßt die Geschichte der Menschheit und des Individuums. Auf beiden Ebenen ist die Verwandlung und Läuterung des Dämons Zufall das Ziel eines authentischen Lebens. Das Ergebnis ist die Apotheose der Schönheit in einer doppelten Autobiographie.

Für den Dichter sind die Welt und das Leben eine weiße Buchseite, eine *terra incognita*. Die vorgefundene Schöpfung ist nur ein Vorbild, Aufruf zu einer permanenten Neu-Schöpfung und Neu-Aneignung, vergleichbar mit den *songlines* der australischen Aborigines, in denen die Genesis des Menschen immer wieder neu in ein Landschafts- oder Erdenbuch geschrieben wird, um sein Dasein in der Welt zu überprüfen und zu aktualisieren. Im Schaffensakt entsteht nicht nur die Schöpfung, sondern auch das Geschöpf, und der Künstler, Symbol des sich seiner selbst in Freiheit bewußt werdenden Menschen, erschafft sowohl das Objekt als auch das Subjekt in einem ständigen Akt umfassender Entzifferung. Nach Mallarmés Überzeugung schreibt der Dichter nicht die Welt, sondern er liest sie – und dieselbe Leseanstrengung, die der Poet macht, um sich selbst auf die Spur zu kommen, verlangt Mallarmé vom Leser. Die

Dichtung ist nicht nur ein begleitender Schmuck des Daseins, nicht nur eine zeitweilige Begeisterung oder gar nur eine Erhitzung und Unterhaltung. Dichtung ist der tragende Grund der Geschichte und deshalb auch nicht nur eine Erscheinung der Kultur und erst recht nicht der bloße Ausdruck einer Kulturseele.

Martin Heidegger, zitiert nach Kurt Wais, 1952

Frucht seiner Lektüre ist das Buch: »Erklärung des Menschen, Erfüllung unserer schönsten Träume. All das steht, glaube ich, in der Natur geschrieben, so daß nur denen, die am Blindbleiben interessiert sind, die Augen nicht aufgehen. Es gibt dieses Werk, unbewußt versucht sich ein jeder daran; kein Genie, kein Clown sprach je ein Wort, ohne unbewußt einen Zug davon gefunden zu haben. Dies zu zeigen und einen Zipfel des Schleiers von dem, was eine solche Dichtung sein kann, zu heben, ist in Einsamkeit meine Freude und meine Qual.«

Im Mai 1891 erscheint bei Deman, auf dem Frontispiz eine Radierung von Renoir, Mallarmés Buch mit dem unscheinbaren Titel ›Seiten‹, das seine gesammelten Prosatexte enthält: Prosagedichte, Schriften zum Theater, den Essay über Richard Wagner, das Vorwort zu ›Vathek‹. Im Juni meldet Mallarmé sich krank, der Arzt attestiert Rheuma, Dyspepsie, Neuralgie. Mit seiner ebenfalls kränkelnden Frau Maria fährt er nach Valvins. Von dort schreibt er Berthe Morisot: »Ich arbeite, und in meinen freien Stunden gebe ich mir tüchtig Mühe, alt zu werden.« In seinem Boot fährt er zum Angeln, abends sitzt er mit Maria auf der Bank vor dem Haus, schaut auf die Seine und genießt die Ruhe. An Geneviève, die in der Normandie zum erstenmal allein Ferien macht, schreibt er zärtliche Briefe. Zum eigentlichen Schreiben kommt er nur in seltenen Augenblicken. Unermüdlich wiederholt er, daß das, was er als Dichter vorzuweisen hat, nichts oder fast nichts von dem ist, wovon er träumt. Niemand will es hören.

Eine alberne literarische Affäre – Mendès fühlt sich von Viélé-Griffin, der ihn einer Zensurmaßnahme bezichtigt haben soll, in seiner Ehre gekränkt – führt trotz aller Bemühungen Mallarmés um Abwiegelung des Konflikts zu einem Degenduell der beiden

Wozu noch schreiben, was schöpfen aus einer schrecklichen Verdrossenheit, aus der meine Stunden bestehen? Dann war ich fast den ganzen Winter über krank, so sehr, daß ich mir Sorgen machte, denn in der letzten Zeit habe ich mein Leben ein bißchen aufs Spiel gesetzt ... Ich habe es aufgegeben, Briefe zu schreiben; man kann für die, die man liebt, nur schreiben, wenn man sich selbst spürt. Bisweilen gelingt es mir, wieder in der Arbeit Fuß zu fassen: Wenn ich die Zeit habe, sie zu beenden ... wird man den Eindruck eines Mannes haben, der allen andern ähnlich und höchst erstaunt darüber ist, daß sein Spiegelbild, zum Beispiel, in einem Brunnen erscheint.

An Octave Mirbeau, 1892

43 Odilon Redon, Selbstportrait, um 1897

Streithähne, bei dem Viélé-Griffin am Bauch verletzt wird. Mallarmé ist bekümmert über diese »Dummheiten«, die das Ansehen der Literaten nicht erhöhen. An Régnier schreibt er in diesem Zusammenhang: »Die Literatur macht sich allmählich lächerlich, und es hat etwas Beschämendes, mit ihr in Verbindung gebracht zu werden.« Dagegen ist sein Freund Odilon Redon ein Künstler ganz nach seinem Geschmack, makellos als Mensch wie als Maler. In Paris besucht Mallarmé nun regelmäßig die *jeudis* im Atelier von Berthe Morisot, wo auch Degas, Renoir und Monet Stammgäste sind. Im Gegensatz zur Welt der Literaten erscheint ihm die Welt der Maler wie eine Oase ohne Lärm und Geschwätz.

Ab 1891 haben die *mardis* ihre endgültige Gestalt. Es kommen zwar immer wieder neue Besucher wie der junge Paul Valéry, aber sie fügen sich wie selbstverständlich in den feststehenden Ritus, und innerhalb des Stammes der Mardisten gibt es kaum noch Fluktuationen. Camille Mauclair, eigentlich ein blonder Däne namens C. Faust, der in dieser Zeit zu den Mardisten stößt und den ersten Schlüsselroman um Mallarmé schreiben wird, äußert sich recht kritisch über das Ambiente: »Ich habe diese Buddha-Attitüde immer etwas lächerlich gefunden, die der Pythia im Zigarettenqualm, die man ihm aufnötigte ... Man balsamierte ihn schon zu Lebzeiten ein.« – Eine etwas einseitige Sicht, denn Mallarmé entzieht sich immer wieder diesen Rollen, ist ironisch, maliziös, verspielt.

Der französische Maler und Graphiker **Odilon Redon** (1840–1916) versuchte in den 1860er Jahren, die Wirklichkeit so genau wie möglich in minutiösen Bleistift- oder Kohlezeichnungen festzuhalten. Ab 1885 hatte er enge Verbindungen zu den symbolistischen Dichtern und veröffentlichte 1890 das Album mit Illustrationen zu Baudelaires ›Les Fleurs du Mal‹. Ab 1895 entdeckte Redon für sich die Farbe und war seither vorwiegend malerisch tätig, dabei bevorzugte er das Pastell. Ausgehend von der Natur schuf Redon symbolistisch geprägte Werke, die fälschlicherweise oft als Flucht aus der Realität in den Traum gedeutet werden.

Im März 1892 feiert Mallarmé seinen kaum zur Kenntnis genommenen 50. Geburtstag. Nur Pierre Louys schickt ein Sonett, für das sich Mallarmé in ungewöhnlich bewegten Worten bedankt: »Louys, ich erinnere mich an nichts, das mich so berührt hätte; und dies Sonett, geheimnisreich und sieghaft, besitzt, neben seiner Schönheit, sogar das am Kunstwerk, wo alles als Wunder erscheinen muß, nämlich nicht vorhergeahnt zu sein: Wie haben Sie so eines Datums gedacht … Es richtet mich auf, weil meine Goldene Hochzeit mit der Muse sich anzukündigen schien mit einem gesundheitlichen Zusammenbruch; doch dies gibt mir den Glauben wieder. Ich habe mein Leben gewagt, für einiges, als Einsamer; und sieh, es findet also Anteil; ich kann nicht verlieren! Ich danke, ergriffen, lieber Freund.«

Mallarmé fühlt sich müde und ausgelaugt. Die letzten Jahre der öffentlichen Schmähungen und Lobpreisungen, die Zudringlichkeiten und Erwartungen eines nimmersatten Literaturbetriebs, dazu seine Arbeit am Gymnasium haben ihn erschöpft.

44 Auguste Renoir, Portrait Mallarmés, um 1897

In dieser trüben Zeit entsteht Renoirs Portrait von Mallarmé. Daß er sich nicht getroffen findet und meint, er sehe aus wie ein »reicher Geldsack«, zeigt, wie düster ihm zumute ist. Ab März schreibt er für den Londoner ›The National Observer‹ fast jeden Monat einen Artikel; in der ›Revue blanche‹ erscheinen seine ›Leisen Lieder‹. Noch immer steckt er mitten im Trubel von Vorträgen, Artikeln, Broschüren, Komitees, Banketten. In all dem Lärm verflüchtigt sich das Flüstern der Poesie, die innere Stimme wird übertönt vom Marktgeschrei. Auch in England, Deutschland und Italien wächst sein Ruhm. In den ›Blättern für die Kunst‹ von Stefan George erscheinen einige vom Herausgeber selbst übersetzte Texte Mallarmés. Der Symbolismus wird international, in Deutschland dank George, in England dank Arthur Symons. In Frankreich und Belgien entstehen immer neue symbolistische Zeitschriften und werden symbolistische Werke publiziert. Bedeutendes, das auch noch heute gelesen würde, ist wenig darunter. In Holland macht Verlaine auf einer Lese- und Sauftour Reklame für Mallarmé. Mitte November erscheint in der Verlagsbuchhandlung Perrin eine von Mallarmé selbst vorgenomme Auswahl seiner Werke: ›Verse und Prosa‹. Aus dieser Ausgabe sind alle früheren Gedichte, die für seinen jetzigen Geschmack zuviel Schwung haben, verbannt. Das Titelbild von Whistler zeigt einen einsamen, traumverloren entschwindenden Mallarmé.

Der junge André Gide, noch nicht lange Mardist, schwarz gekleidet, asketisch, mit breitem Hut, bleichem Gesicht, langen Haaren und in seiner Novalis-Verehrung fast ein deutscher Romantiker, veröffentlicht in diesem Jahr seinen ›Traité du Narcisse‹, den man als eine Art »Exposé der Lehre Mallarmés« (Mondor) betrachtet hat. In einer Anmerkung ist dort zu lesen: »Hat man begriffen, was ich Symbol nenne – alles, was erscheint?« Das ist freilich eher Goethe als Mallarmé.

Das Jahr 1893 bringt, was die literarische Arbeit betrifft, keine bedeutenden Neuigkeiten. Die mondänen Verpflichtungen gehen weiter; Absagen, Neinsagen scheint ihm in diesen Jahren schwerzufallen. Anfang November wird seinem im Sommer eingereichten Antrag auf vorzeitige Pensionierung aus gesundheitlichen Gründen stattgegeben: »Das elende Kolleg ... hat in diesem Jahr das letzte Mal gewütet«, schreibt er einem Freund. Er hofft, nun endlich mit der Literatur »anfangen« zu können, doch zuerst macht der von der

Stefan George (1868–1933), deutscher Dichter. Mit dem Ende der Schulzeit begann sein Wanderleben durch Europa. Den Sommer 1889 verbrachte er in Paris und verkehrte in den Kreisen um Mallarmé. Mit den Symbolisten verband George sein auf Abstraktes gerichtetes, zweckfreies Kunstideal des *l'art pour l'art*. Georges Werk verschließt sich einer Breitenwirkung schon durch die äußere Form: Er verwendete eine eigens für ihn geschaffene Schrifttype und verzichtete auf Großbuchstaben und Interpunktion. George fertigte Übersetzungen oder künstlerische Nachbildungen von Werken Shakespeares, Dantes und französischer Symbolisten an.

Schulfron erlöste Ruheständler lange Ferien in Valvins, wo er seit zwei Jahren nicht mehr war.

Im Februar und März 1894 fährt Mallarmé zu einer Lesereise nach England. In London, Oxford und Cambridge trägt er den Essay ›Musik und Literatur‹ vor, der, vielleicht weil er allzu hohe Anforderungen an die Hörerschaft stellt, nur ein mäßiges Echo findet. Aus London schreibt er an Maria: »Heute werde ich meinen Vortrag in London halten, das ich so sehr liebte und wieder lieben werde. Die Sonne sickert durch einen kalten, gelbbraunen Nebel, oh, es ist herrlich! Der cake kommt bald, Mütterchen. Heute gehe ich ihn kaufen, es ist die erste Adresse in London; wird er sich im Koffer halten? … Ich bin sogar, sagt es niemand, es ist zu lächerlich … ein wenig bestohlen worden; ich glaube, es war im Autobus; das einzige Mal, da ich ihn genommen habe, weil die cabs zu teuer sind.«

Unterdessen explodieren in Paris die Bomben der Anarchisten. Eine Welle terroristischer Anschläge versetzt in diesem Jahr das um Besitz und Leben bangende Bürgertum in Angst und Schrecken. In einer Atmosphäre der Hysterie und Panik, durchaus vergleichbar dem sogenannten deutschen Herbst des Jahres 1977, werden schon bald auch die Schriftsteller als Sympathisanten, Komplizen und geistige Brandstifter verdächtigt. Mallarmé selbst ergreift das Wort und nimmt in einem Artikel in der ›Revue blanche‹ die Schriftsteller in Schutz. Sein Freund Tailhade, der vielleicht sogar mit dem damals berüchtigtsten Terroristen Vaillant sympathisierte, verliert bei einer Bombenexplosion in einem Restaurant ein Auge. Auf die Bitte der Mutter des Angeklagten erklärt Mallarmé sich bereit, im sogenannten »Prozeß der Dreißig« zugunsten des der Mittäterschaft angeklagten Mardisten Fénéon als Zeuge aufzutreten. Seine Aussage macht Eindruck: »Ich kenne Felix Fénéon. Er wird von allen geliebt. Ich habe ihm Sympathie entgegengebracht, denn er ist ein sanfter, redlicher Mann und ein sehr feinsinniger Geist …

Der französische Komponist **Claude Debussy** (1862–1918) wurde stark durch den Umgang mit Malern und Literaten beeinflußt. Seine besondere Vorliebe galt der Lyrik Baudelaires, Mallarmés und Verlaines. Das ›Prélude à l'après-midi d'un faune‹, für Orchester, das zu seinen Hauptwerken zählt, entstand 1894. Debussy gilt als der Hauptvertreter des musikalischen Impressionismus und gelangte zu einer weitgehenden Auflösung der überkommenen Harmonik. Seine Kompositionen erweiterten durch Klangflächen und als sensuell empfundene, klangfarbliche Strukturen die Möglichkeiten der abendländischen Musik beträchtlich.

Ich habe Fénéon und auch keinen meiner Gäste jemals über etwas Anderes als über die Kunst reden hören.« Alle Angeklagten werden freigesprochen. In einem Interview bezieht Mallarmé noch einmal Stellung: »Man redet, wie Sie sagen, von Detonationen. Ich bin mir sicher, daß es für Fénéon keine besseren Detonationen gab als seine Artikel. Und ich glaube nicht, daß es eine wirksamere Waffe gibt als die Literatur.«

Mallarmé geht nach Valvins, wo er am 17. Juli erfährt, daß Leconte de Lisle gestorben ist. Mit dem Dichter der »objektiven Poesie« und Mitbegründer des Parnasse sinkt eine ganze literarische Epoche ins Grab. Ende Dezember wird Claude Debussys ›Prélude à l'après-midi d'un Faune‹ uraufgeführt. Das Jahr 1895 beginnt mit einem Besuch Valérys. Bei dieser Begegnung kommt es erstmals zu einem intensiven Gespräch zwischen Meister und Schüler, das beide einander näherbringt. Mitte Januar erscheint Mallarmés Sonett »Das Grab von Charles Baudelaire« in ›La Plume‹.

Beim *mardi* vom 18. Januar wendet sich Mallarmé gegen Wagners Einschätzung der Musik als höchster Kunst; für ihn ist die Poesie das Höchste, da sie dem Geist, dem Gedanken nähersteht. Er unterscheidet zwischen Dichter und Schriftsteller: Man ist Schriftsteller von Beruf, Dichter nur in den seltenen Augenblicken, in denen man an das Höchste, an das Ideal heranreicht oder es zumindest versucht.

45 Claude Debussy. Pastell von Marcel André Baschet, 1884

Anfang Februar erscheint der erste von zehn Artikeln mit dem Titel »Variationen über ein

Thema« in der ›Revue blanche‹. Die Themen dieser Variationen klingen ein wenig nach der Zeitungsrubrik ›Vermischtes‹: »Die Tat«, »Der Hofstaat«, »Katholizismus«, »Schutzschirm«, »Bukolik«, »Das Buch als geistiges Instrument«, »Konflikt«, »Güsse oder Kritiken«, »Gewissenssache«, »Eigenarten«. Aber die Artikel sind meisterhafte, geschliffene Prosa voller syntaktischer Kühnheiten, ironischer und sogar komischer Schlenker. Es versteht sich, daß sie, wie alles, was Mallarmé in seinen reifen Jahren schreibt, hohe Anforderungen an den Leser stellen.

Im März stirbt Mallarmés Freundin Berthe Morisot. Er wird Vormund ihrer noch minderjährigen Tochter Julie Manet. In seiner Trauer tröstet ihn ein Brief von Paul Claudel, der seine Ansichten über Poesie und Musik teilt; beide Künste gehen von einem inneren Klang aus, der ausgedrückt und dargestellt werden muß, aber das Ziel ist verschieden: Die Musik erreicht das Genießen des inneren Klangs, die Poesie dessen Besitz. Claudel und Mallarmé nähern sich hier der Psychoanalyse Jacques Lacans, die davon ausgeht, daß das noch nicht ausgedrückte Innere, das Unbewußte also, sprachlich strukturiert ist und somit durch die Sprache auch am besten erreicht werden kann.

Seit Jahren tobt ein von Rimbaud unschuldig und unwissentlich, dann von jungen Symbolisten wie Gustave Kahn und Jules Laforgue bewußt verschärfter Streit um den *vers libre*. Die jungen Dichter wollen sich nicht mehr dem Joch des Metrums, des Reims, der Silbenzählung und der Strophenbildung beugen. Im August sieht sich sogar der ›Figaro‹ zu einer Umfrage unter den Dichtern genötigt. Mallarmé, der eher zu den Verspuristen gehört, ist um Ausgleich bemüht und versucht, die Wogen der Erregung zu glätten: »Für mich ist der klassische Vers – den ich offiziellen Vers nennen möchte – das Hauptschiff der Basilika namens ›Französische Dichtung‹, der freie Vers baut Seitenschiffe voller Anziehungskraft, Geheimnis und seltener Pracht. Der offizielle Vers muß blei-

Man hat mich zum Dichterfürsten gekürt, und nun hängen mir die Zeitungen einen Papierdrachenschwanz an, mit dem ich durch die Straßen renne, ohne andere Möglichkeit, mich unsichtbar zu machen, als mich dem Karnevalszug anzuschließen. Maske sein wider Willen, Claudel, während man nur eines liebt, Vergessensein, außer durch Sie.

An Paul Claudel, 1896

ben, denn er ist geboren aus der Volksseele und sprudelt aus dem Boden unserer Ahnen ... Aber der freie Vers ist eine schöne Errungenschaft, die aus der Revolte der Idee gegen die Abgedroschenheit des ›Überkommenen‹ entstanden ist.« Seiner Antwort fügt er das Gedicht ›Die ganze Seele ist enthalten‹ bei, das im Bild des Zigarrenrauchs eine hauchzarte *art poétique* beschwört.

46 Paul Verlaine. Radierung von Andreas Zorn, 1895

Am 8. Januar 1896 stirbt, in traurig-kläglichen Umständen, wie es sich für einen *poète maudit* und ewigen Juden gehört, Paul Verlaine in seinem letzten Elendsquartier in der Rue Descartes. Zur Beerdigung auf dem Friedhof Batignolles versammelt sich die literarische Welt von Paris; Coppée, Mendès, Moréas, Barrès halten kurze Ansprachen. Mallarmé, der unter der herablassenden Verachtung, die man selbst in Künstlerkreisen dem Menschen Verlaine entgegenbrachte, stets gelitten hat, spricht seine Grabrede mit anklagenden Untertönen: »Das Grab liebt sogleich das Schweigen ... Sagen wir es dem Passanten, wem immer, gewiß Abwesenden, hier, der sich, aus Unkenntnis und eitler Sicht, über den äußeren Sinn unseres Freundes täuschte, daß dessen Haltung, im Gegenteil, unter allen andern, korrekt war ... Paul Verlaine, sein Genie entflohen in künftige Zeit, bleibt als Held.« Durch seinen Tod ist der Titel des *prince des poètes* vakant, der nach Victor Hugo und Leconte de Lisle auf Verlaine übergegangen war und

Paul Verlaine (1844–1896), arbeitete an der Anthologie ›Parnasse contemporain‹ (1866, 1871, 1876) mit. Zusammen mit Arthur Rimbaud verließ er 1872 Paris, und beide zogen ruhelos durch Nordfrankreich, Belgien und England, bis Verlaine 1873 auf Rimbaud schoß und zu zwei Jahren Gefängnis verurteilt wurde. Dort schrieb er die später in ›Sagesse‹ veröffentlichten Gedichte. Nach einer gescheiterten Beziehung zu einer Frau wandte er 1877 seine ganze Liebe Lucien Létinois zu, nach dessen Tod 1883 er jeden Halt verlor. Seine letzte Lebenszeit verbrachte er in Spitälern und Cafés und starb an den Folgen seiner Alkoholsucht.

nun Mallarmé verliehen wird. Ein Bankett zur Feier seiner Wahl kann er mit dem Hinweis auf den gerade erst begrabenen Verlaine vermeiden.

Die Resonanz in der Presse schwankt zwischen Preis und Häme. Im ›Figaro‹, der ihn noch kürzlich zum Interview gebeten hat, ist zu lesen: »Er ist vermutlich ein liebenswerter Mann, dessen wahrhaft krankhafte Ironie seine feinsinnige Bildung und liebenswürdige Höflichkeit unangetastet ließ, ein Mann, der, erfüllt von E. T. A. Hoffmann und Poe, deutsch denkt, englische Sätze baut und uns, um den Spaß auf den Gipfel zu treiben, die Ehre erweist, unseren Wortschatz zu benutzen.« Bei Charles Morice in ›La Plume‹, dem Organ der Symbolisten, die dem neuen *prince des poètes* eine Sondernummer widmet, klingt es anders: »Ich glaube nicht, daß die Dummköpfe irgendeiner Zeit jemals heftiger gegen einen Künstler gewütet haben als gegen ihn. Alles, was man an Schwachsinn gegen Wagner vorgebracht hat, wurde gegen Mallarmé wiederholt. Es scheint mir sogar, Illusion des Zeitgenossen oder Wahrheit, daß die Mittelmäßigen und Narren … sich bei Mallarmé besonders viel Mühe gegeben haben … Die Stunden, in denen wir ihm lauschten, die Stunden, in denen wir uns an seine Sätze erinnerten, verlangen, daß wir die außergewöhnliche Klarsicht eines tiefen und reichen Genies proklamieren … Er ist wahrhaftig der Dichter der Dichter.«

Am 15. Mai erscheint in der amerikanischen Zeitschrift ›The Chap Book‹ Mallarmés Essay über den »geistigen Anarchisten« Rimbaud.

Seit seiner Pensionierung ist Mallarmé meist schon zu Ostern in Valvins. In den Briefen an die Familie, die in Paris geblieben ist, beschreibt er mit viel Liebe zum Detail seinen Alltag: anfallende Hausreparaturen, Gartenarbeiten, Geselligkeiten, Mahlzeiten etc. Valvins ist für ihn zu einer Art Heimatort geworden. Im Dorf kennt er alle und jeden. In seiner »Variation« mit dem Titel »Bukolik« spricht der alt gewordene, von der Naturfeindschaft seiner Jugend

Ich habe die Stühle angestrichen, setze mich auf die Bank. Das ohne jeden Schwung, ich bin nur noch dazu gut, reglos aus dem Fenster zu schauen oder mich mit einem Buch hinzusetzen; so sehr bin ich ergriffen von einer ungeheuren Faulheit.

An die Familie aus Valvins, 1897

geheilte Dichter vom Landleben in unvergleichlich subtilen und doch schlichten, eines Heraklit – auch ihn nannte man »den Dunklen«! – würdigen Worten: »Jede Flucht nach vorn kehrt zurück als Fluß.«

In Valvins will Mallarmé endlich ›Hérodiade‹ abschließen. Aber wie, wendet Valéry ein, der dort zu Gast ist, will er den Ton wiederfinden, um dieses Jugendwerk zu beenden? Mallarmé denkt über den Einwand seines jungen Schülers nach und notiert dann diesen recht erstaunlichen Gedanken: »Es ist gefährlich, ein Jugendgedicht zu beenden – aber es war mir damals, als ich es schrieb, weit genug voraus, so daß ich heute nicht mehr allzu weit zurückgehen muß.« Doch Mallarmé täuscht sich, denn zwischen 1866 und 1896 liegt eine vor allem sprachliche Kluft, die er nicht mehr überwinden kann.

Kaum zurück in Paris, »donnert die Kanone der Aktualität« (Mondor) erneut; lange hält er es nicht aus, und Anfang September ist er wieder in Valvins. Er vergleicht sich und Maria mit Philemon und Baucis und arbeitet an einer Gesamtausgabe seiner Gedichte. An Méry, die einen jungen Liebhaber hat, dem sie später ihr Pariser Haus vererben wird, schreibt er: »Ich liebe Dich sehr, Du Großherzige; und bevor ich die Fetzen Deines Briefs, wieder und wieder gelesen auf der Brücke, um in ihm teure Nichtigkeiten zu entdecken, in den Fluß streute, habe ich ihn an die Lippen gedrückt und geküßt, wie ein sehr junger Verliebter: Nur Du bringst es fertig, das aus einem alten Herrn zu machen, der sich aufs Land zurückgezogen hat, um dort entschlossen alt zu werden.«

Anfang Januar 1897 kommt zum ersten Todestag Verlaines in der ›Revue blanche‹ das Sonett »Das Grab von Verlaine« heraus, eines der schönsten und möglicherweise auch das letzte Gedicht Mallarmés. Am 15. Januar erscheint endlich sein Buch ›Abschweifungen‹: ein Potpourri ohne Architektur, eine Sammlung verstreuter Texte, eines jener Bücher, wie er sie nicht mag, was er im Vor-

47 Mallarmé an seinem Arbeitstisch. Foto, um 1896

wort auch bekennt. Der Titel ist durchaus ironisch gemeint. Der Band provoziert, wie immer, viel Beifall und viele Schmähungen. Zu seiner Verteidigung veröffentlichen gegen seinen Willen Gide, Valéry, Schwob, Viélé-Griffin, Verhaeren, Paul Fort und andere im ›Mercure de France‹ ein Manifest.

Anfang Februar geben die Mardisten auf Anregung Valérys ein Abendessen zu Ehren ihres Meisters. Valéry hatte an zehn oder zwölf Leute gedacht, doch es kommen 150. Valéry und Gide drükken sich. Der *mardi* aller *mardis* wird ein Reinfall, eine Enttäuschung, Mallarmé verzichtet sogar darauf, den vorbereiteten Toast zu sprechen. Débussy, ebenfalls anwesend: »Ich habe mich kolossal gelangweilt; mir schien, Mallarmé auch.«

In diesem Jahr fährt er schon früh aufs Land. Um besser arbeiten zu können, läßt Mallarmé seine Bibliothek von Paris nach Valvins schaffen. Sein Lebensschwerpunkt verlagert sich mehr und mehr dorthin. Aus Paris berichtet ihm seine Tochter die Neuigkeiten: »Herr Munch, der norwegische Zeichner, der Anfang Winter da war, schickt das Portrait, das er von dir gemacht hat. Es ist recht hübsch, aber es erinnert an jene Christusköpfe, die man auf das Schweißtuch einer Heiligen druckt und unter denen geschrieben steht: ›Wenn Sie es lange genug betrachten, sehen Sie, wie die Augen sich schließen.‹«

Der letzte Würfelwurf

Der Geist führt einen ewigen Selbstbeweis.
Novalis

Im Mai 1897 erscheint in der internationalen Zeitschrift ›Cosmopolis‹ die erste Hälfte des großen kosmologischen Gedichts »Ein Würfelwurf wird niemals den Zufall aufheben«, an dem Mallarmé im zurückliegenden Jahr, immer wieder gestört durch gesellschaftliche Verpflichtungen, gearbeitet hat. Valéry erinnert sich später: »Wahrscheinlich war ich der erste, der dieses ungewöhnliche Werk zu Gesicht bekam. Sobald er es abgeschlossen hatte, bat Mallarmé mich zu sich. Er führte mich in sein Zimmer in der rue de Rome, wo hinter einem alten Wandbehang bis zu seinem Tod – der nach seinem Willen das Zeichen zu ihrer Vernichtung sein sollte – die Bündel seiner Notizen aufbewahrt lagen, das geheime Material seines unvollendeten großen Werks. Er legte das Manuskript des Gedichts auf den Tisch, einen quadratischen Tisch aus tiefdunklem Holz mit geschweiften Beinen, und begann zu lesen, leise, mit gleichmäßiger Stimme, ohne jeden ›Effekt‹, fast als läse er für sich … Ich fühlte mich einem Tumult von Eindrücken ausgesetzt, von der Neuheit des Anblicks gebannt, von Zweifeln beunruhigt, von künftigen Entwicklungen angerührt. Ich suchte eine Antwort inmitten von tausend Fragen, die zu stellen

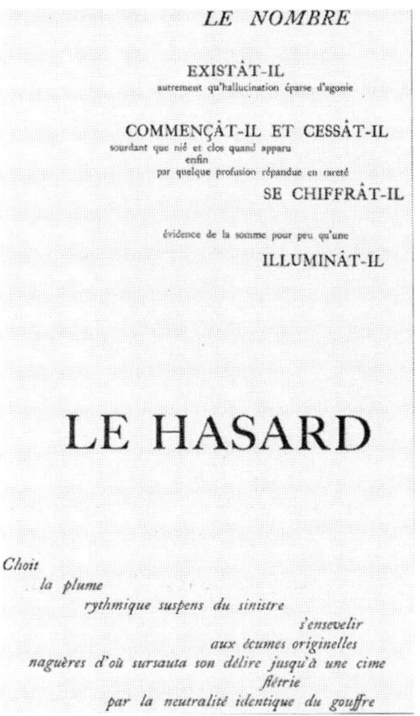
LE NOMBRE

EXISTÂT-IL
autrement qu'hallucination éparse d'agonie

COMMENÇÂT-IL ET CESSÂT-IL
sourdant que nié et clos quand apparu
enfin
par quelque profusion répandue en rareté
SE CHIFFRÂT-IL

évidence de la somme pour peu qu'une
ILLUMINÂT-IL

LE HASARD

Choit
la plume
rythmique suspens du sinistre
s'ensevelir
aux écumes originelles
naguères d'où sursauta son délire jusqu'à une cime
flétrie
par la neutralité identique du gouffre

48 Eine Seite des Gedichtes ›Un coup de Dés jamais n'abolira le Hasard‹ von Stéphane Mallarmé

ich mir versagte. Bewunderung, Widerstand, leidenschaftliches Interesse und im Entstehen begriffene Analogien verknäuelten sich in mir beim Anblick dieser intellektuellen Erfindung. Und er – ich glaube, er vermerkte mein Staunen, ohne Erstaunen.«

In der Tat hat Mallarmé in seinem letzten Werk sich selbst und alle seine rebellischen jungen Schüler an Radikalität weit übertroffen. Dieses Gedicht schlägt eine weite Schneise in die Zukunft und wird die Gestalt der Poesie für immer verändern. Mallarmé hat sein ganzes Leben lang nur Gedichte in zwar kühnen, aber strengen Formen geschrieben; Strophe, Metrum, Reim waren ihm unantastbar. Nun plötzlich, mit 55 Jahren, dies: die Form aufgelöst, keine Strophe, kein Reim, die Wörter und Sätze wie willkürlich über die Seiten gestreut, einzig zusammengehalten von einem räumlich gewordenen Rhythmus.

Das aus elf simultan zu lesenden Doppelseiten bestehende Gedicht, in dem die Schriftgrade, Schrifttypen und Abstände ständig fluktuieren, entfaltet sich in einem einzigen langen Satz, der allerdings nicht syntaktisch folgerichtig nach und nach entziffert werden kann, sondern sich erst beim flächigen Lesen andeutungsweise erschließt. Das Auge soll sich nicht sofort an Wörter und Wortgruppen klammern, sondern in aller Muße über die Doppelseiten schweifen, um mögliche Beziehungen und Verbindungen zwischen den einzelnen Wortwürfen aufzuspüren und dann dort Anker zu werfen, wo er Grund zu finden scheint. Im Vorwort schreibt Mallarmé: »Da es sich nicht, wie bisher immer, um Verse, das heißt um regelmäßige Klangreihen handelt … vielmehr um prismatische Brechungen der Idee, deren Zusammenwirken auf einer bestimmten geistigen Szene gerade nur die Zeit ihres Auftauchens dauert, verteilt sich der Text auf variable Stellungen, die näher oder ferner vom latenten Leitfaden angeordnet sind. Diese, wenn man so will, literarischen Vorzüge dieses so dargestellten Abstandes, der sinngemäß Worte beziehungsweise Wortgruppierungen trennt,

Möglicherweise steckte in dem Schreck, den Valéry über die ungewohnte Form des Gedichtes empfand, auch die Befürchtung, der Meister sei nun doch noch übergeschnappt. Keiner der jungen Wilden und Rebellen, nicht einmal der vor nichts haltmachende Arthur Rimbaud, hat je eine solche Gedichtform gewählt. Dem heutigen Leser dagegen ist dieses Erscheinungsbild vertraut, dem damaligen mußte es wie ein Bombenattentat vorkommen.

dürften darin liegen, daß er das Tempo bald beschleunigt, bald verlangsamt, Akzente setzt und in der Simultanschau der Seite die Bewegung darstellt: Die Seite wird als Einheit genommen wie andererseits der Vers oder die reine Linie eine Einheit sein können ... Zu ergänzen ist: Aus dieser hüllenlosen Darbietung des Gedankens mit Einzügen, Verlängerungen, Tiefenperspektiven oder aus seiner Zeichnung ergibt sich für den, der laut zu lesen bereit ist, eine Partitur. Der Unterschied der Drucktypen für das Hauptmotiv, ein Nebenmotiv und angrenzende Motive diktiert der mündlichen Wiedergabe ihr Gewicht und ihre Anordnung.«

Obwohl Mallarmé die Form seines Gedichts mit der Partitur einer Symphonie vergleicht, ist der Text mehr als eine Partitur, die zwar auch den Raum des Schweigens bezeichnet, ihn aber genau markiert, während Mallarmés Text, wie in der chinesischen und japanischen Kunst, den Raum des Schweigens und Sagens, die Leere und die Fülle in ein Spannungsverhältnis setzt, das vom Leser selbst hergestellt werden soll. Der Leser sieht sich vor die sehr anspruchsvolle Aufgabe gestellt, nicht nur das Gesagte, sondern auch das vom Autor Verschwiegene zu evozieren.

Das Gedicht ist ein Drama dreier Personen oder, besser gesagt, dreier Kräfte: Zuerst der Meister, »bitterer Fürst der Klippe«, der ein wenig an Richard Wagner erinnert (Zola spottete: »Dieser Wagner macht uns blöd mit seinen Vorgebirgen. In seinen Dramen steht man immer auf der äußersten Spitze eines Felsens.«), der den Dichter und den Menschen personifiziert, sodann der Zufall (das französische Wort *hasard* kommt aus dem Arabischen, wo es das Würfelspiel bezeichnet), der den dem Menschen zugefügten, von ihm selbst nicht geschaffenen chaotischen Weltengang darstellt, und, als dritte Kraft, das Sternbild am Himmel, das die ewige Schönheit und Harmonie symbolisiert. Der Meister steuert sein Schiff durch ein sturmgepeitschtes Meer, mit den Würfeln der Idealzahl Sechs könnte er die Welt ins Zeitlose gleiten lassen. –

Das »Weiß« ist tatsächlich von Bedeutung, obwohl es zunächst überrascht; die Versgestaltung verlangt es als eine umgebende Stille ... Das Papier drängt sich immer dann auf, wenn ein Bild sich von selbst verliert oder zurücktritt, anderen das Kommen überlassend und, da es sich nicht wie sonst um regelmäßige klingende Passagen oder Verse handelt – eher um prismatische Nebenformen des Grundgedankens ... fällt der Text an immer anderer Stelle, nach dem Gebot der Wahrscheinlichkeit, dem verborgenen Leitmotiv näher oder ferner, wieder ins Auge. *Aus dem Vorwort zum ›Würfelwurf‹*

49 Illustration zum ›Würfelwurf‹. Lithographie von Odilon Redon

Man kennt das aus ›Igitur‹, und genau wie dort zögert auch hier der Meister, denn auch ein gelungener Wurf würde niemals den Zufall aufheben, da er selbst Zufall wäre. Der Mensch befindet sich gegenüber der Welt in einer hoffnungslosen Situation. Eine durch dichterische Magie herbeigeführte Weltveränderung, an die Baudelaire, Rimbaud (*changer la vie*) und auch der junge Mallarmé noch glaubten, ist in dieser Konstellation eine Unmöglichkeit. Hier bringt Mallarmé die dritte Kraft ins Spiel, das Sternbild am Nordhimmel, dessen sieben Sterne nach antiken Sagen sieben Weise sind, die das Geheimnis der Schöpfung kennen. Die Sieben dieses Sternbilds sprengt die Beschränktheit der sechs Würfelzahlen und damit die vom Zufall beherrschten Grenzen. Aber der Mensch steht, wie schon im Gedicht ›Azur‹, unter dem Sternbild und kann es nie erreichen. In der vom Zufall bestimmten Welt kann er höchstens einen vom Zufall selbst gewährten Sieg über den Zufall erringen. Eine von ihm selbst geschaffene, dauerhafte Transzendenz ist nicht möglich, sie erscheint ihm lediglich als Geschenk in Form des Sternbilds der Pleiaden (mit dem Erscheinen des Siebengestirns im Mai begann bei den Griechen die Schiffahrt, mit dessen Untergang im November wurde sie eingestellt).

In Valvins erholt sich Mallarmé von der anstrengenden Arbeit am ›Würfelwurf‹. Mit Valéry, der für einige Tage zu Gast ist, macht

Nichts ...
wird je gewesen sein ...
als das Sein ...
außer ...
vielleicht ...
eine Sternenbahn ...

Aus ›Ein Würfelwurf wird niemals den Zufall aufheben‹

er lange Spaziergänge und Bootsfahrten. Auch Méry kommt zu Besuch. Fast täglich schreibt er »teure Nichtigkeiten« an die Familie.

Zum Geburtstag von Maria wieder zurück in Paris, muß er erfahren, daß die von Odilon Redon illustrierte Ausgabe des ›Würfelwurfs‹ nicht zustande kommt, da der Verleger es vorgezogen hat, die Druckfahnen mit den Zeichnungen Redons an einen unbekannten Bibliophilen zu verkaufen. Tatsächlich gibt erst der Schwiegersohn Mallarmés, Edmond Bonniot, im Jahr 1914 eine vollständige Ausgabe heraus.

Vor den Stapeln der ihm zugesandten Bücher, Artikel, Briefe, die alle einer Antwort harren, kapituliert Mallarmé schon bald. Die *mardis* sind nur noch selten die Feste des Geistes, die sie einmal waren. Immer häufiger kommen Neugierige, Gaffer, Touristen der Poesie, die dumme oder gar perverse Fragen stellen. In anonymen Schmähbriefen schimpft man Mallarmé einen Irren, Angeber, Schwindler, Scharlatan, Jugendverderber. Nach einem guten *mardi*, bei dem nur Valéry, Fontainas, Pierre Louys und Bonniot, der zukünftige Schwiegersohn, anwesend sind, philosophiert Valéry in einem Anfall von Traurigkeit: »Alle, die wir bewundern, haben gelitten … Edgar Poe starb arm wie eine Bettelmaus; Baudelaire wurde verfolgt; Wagner in der Oper ausgepfiffen; Verlaine und Rimbaud waren Vagabunden und zwielichtige Gestalten; Mallarmé wird vom letzten Schmierfink verspottet und verhöhnt; Villiers schlief auf dem nackten Fußboden in einem Dreckloch neben dem Köfferchen mit seinen Manuskripten und seinen Titeln auf das Königreich Zypern und Jerusalem.«

Kaum ist der Winter vorbei, zieht es Mallarmé nach Valvins. Noch immer beschäftigt ihn ›Hérodiade‹: »Nichts, ich krame eher in Papieren, als daß ich arbeite und nach dem Augenblick schiele, wo ich mich an ›Hérodiade‹ machen kann.« Er besucht das Grab Anatoles und schreibt an Frau und Tochter: »Heute war ich auf dem Friedhof, denn wir waren einmal zu viert, meine armen Freundinnen.«

Madame Laurent ist eingetroffen und hat vom Bahnhof aus den Weg hierher gefunden … Zum Abendessen gab es Brathähnchen, Spargel und Erdbeeren … Madame Laurent hat etwas Charmantes gesagt, daß »mein Zimmer mir gleicht« … die Freundin war vollkommen, liebevoll und hochzufrieden, mich so hübsch eingerichtet zu sehen, mit einer kleinen amüsanten und erstaunten Spitze, als sie sagte: »Mallarmé ist ein Mann, dem nichts fehlt«, worauf ich antwortete: »Es überrascht Sie wohl, daß ich Hosen und Schuhe habe.« *Aus Valvins an die Familie, 1897*

Manchmal spricht er von sich in der dritten Person: »Monsieur Mallarmé fühlt sich unsäglich müde, mit der Zeit wird er sich schon wieder rappeln … Auf Wiedersehen, ihr beiden: bisweilen sage ich mir: Immerhin habe ich eine Familie!« Herbstliche Töne.

Im Juni schickt ihm Camille Mauclair seinen Roman ›Die Sonne der Toten‹, dessen Held Calixte Armel Mallarmé selbst ist. Tochter Geneviève taucht unter dem Feennamen Sylvaine auf. Nachdem er das Buch gelesen hat, schreibt Mallarmé an den Autor: »Die Jahre – denn nur wenige bleiben mir noch – würden mich in literarischer Hinsicht nicht freisprechen, wenn ich mich, als Schicksal, damit zufrieden gegeben hätte, Ihnen als dieser Mensch erschienen zu sein.«

Im Sommer ist Valéry wieder zu Gast in Valvins. Mallarmé zeigt ihm einige Probeseiten der vom Verleger klammheimlich und vor der Drucklegung verkauften Luxusausgabe. Man erörtert Einzelheiten der typographischen Gestaltung, dann gehen die beiden Poeten Kornblumen und Klatschmohn pflücken. Valéry erinnert sich an diesen Tag, an dem er Mallarmé zum letztenmal sah: »Als er mich am Abend desselben Tages zum Zug begleitete und der unauszählbare Julihimmel alle Dinge in eine funkelnde Schar anderer Welten hüllte, während wir, im Dunkel rauchend, dahinschritten, unter der Schlange, dem Schwan, dem Adler, der Leier, da überfiel mich die Empfindung, jetzt sei ich eingefügt in den Text des schweigenden Universums: einen Text voller Klarheit und Rätsel; so tragisch oder gleichgültig wie man will; der spricht und der nicht spricht; Gewebe aus vielfachem Sinn; der Ordnung und Unordnung vereint; der einen Gott ebenso machtvoll kündet wie leugnet; der in seiner unvorstellbaren Einheit alle Zeiträume umfaßt … Wir schritten aus. In der Wölbung einer solchen Nacht dachte ich zwischen den Sätzen, die wir wechselten, über sein wunderbares Wagnis nach: Welches Leitbild, welche Unterweisung, dort oben! Wo Kant, recht naiv vielleicht, das Gesetz der Moral zu lesen meinte, sah Mallarmé offenbar den Imperativ des Dichtens: eine Poetik.

Wir nehmen in diesem Moment an einem wahrhaft außerordentlichen, einzigartigen Schauspiel in der Geschichte der Poesie teil: Jeder Dichter spielt, in seinem Winkel, auf seiner eigenen Flöte die Weisen, die ihm gefallen; zum erstenmal, seit den Anfängen, singen die Dichter nicht mehr im Chor. Bis jetzt, nicht wahr, brauchte man bloß die großen Orgeln des offiziellen Metrums als Begleitung. Nun, man hat zuviel darauf gespielt, und man hat es nun satt. Als der große Hugo starb, war er, ich bin sicher, davon überzeugt, daß mit ihm alle Poesie für ein Jahrhundert lang ins Grab

50 Geneviève Mallarmé die Fee der *mardis*

Diese Strahlenstreuung; diese bleichen und brennenden Büsche; diese geradezu geistige Aussaat, vereinzelt und gleichzeitig; die unermeßliche Frage, die uns ein mit soviel Leben und soviel Tod befrachtetes Schweigen vorlegt; all dies, Glorie in sich selbst, wundersame Summe aus Wirklichkeit und widersprüchlichen Idealen, mußte es nicht irgendwann einem Menschen zur höchsten Versuchung werden und ihn zu dem Versuch verlocken, seine Wirkung wiederzugeben! – Er hat versucht, dachte ich, endlich eine gedruckte Seite der Macht des gestirnten Himmels entgegenzuhalten!«

Am 8. September – Mallarmé leidet seit Tagen an einer Halsentzündung – bekommt er in seinem Arbeitszimmer plötzlich einen Erstickungsanfall und muß Marie und Geneviève zu Hilfe rufen. Er erholt sich wieder, und nachdem er sich einige Stunden ausgeruht hat, setzt er sich an den Schreibtisch und schreibt, in einer fast unleserlichen Schrift, sein Testament:

»Mutter, Vève, der schreckliche Erstickungsanfall, den ich heute hatte, kann im Lauf der Nacht wiederkommen und das letzte Wort haben. Ihr werdet Euch also nicht wundern, wenn ich an den Berg von Notizen denke, der sich über ein halbes Jahrhundert hinweg angehäuft hat und Euch in arge Verlegenheit bringen wird; denn kein einziges Blatt ist von irgendeinem Nutzen. Ich bin der einzige, der damit etwas anfangen könnte. Ich hätte es auch getan, wenn die letzten Jahre, die ausfielen, mich nicht betrogen hätten. Verbrennt also alles: Es gibt da kein literarisches Erbe, meine ar-

gesunken sei; und doch hatte Paul Verlaine schon ›Sagesse‹ geschrieben; man kann ihm … diese Illusion verzeihen, aber er setzte auf den ewigen Instinkt, den beständigen und unvermeidlichen lyrischen Antrieb. Vor allem fehlte ihm die Einsicht, daß man in einer Gesellschaft ohne Stabilität und Einheit keine stabile und endgültige Kunst schaffen kann. Diese unreife soziale Organisation, die gleichzeitig die Unruhe der Geister erklärt, ist die Ursache für das unklare Bedürfnis nach Individualität, dessen direkter Widerschein die gegenwärtigen literarischen Kundgebungen sind. *März 1891*

men Kinder. Legt es auch nicht irgendeinem andern zur Beurteilung vor: Verweigert Euch jeder Einmischung eines Neugierigen oder Freundes. Sagt einfach, daß man nichts daraus entnehmen kann, was ja auch wahr ist, und Ihr, meine armen Verzagten, Ihr einzigen Wesen auf der Welt, die Ihr bis zu diesem Punkt ein ganzes aufrichtiges Künstlerleben zu achten imstande seid, glaubt, daß es sehr schön gewesen wäre.«

Nach einer guten Nacht kommt der Arzt, um sich Mallarmés Hals anzusehen. In diesem Moment packt ihn ein neuer Krampf, er bekommt keine Luft mehr, läuft blau an, und nach kurzem Todeskampf stirbt Mallarmé in den frühen Morgenstunden des 9. September 1898. Seine letzte Lektüre, aufgeschlagen neben dem Sterbebett, war Wagners Essay über Beethoven.

Die Beerdigung auf dem Friedhof, wo auch Anatole (und später die ganze Familie Mallarmé) begraben liegt, ist schlicht und würdevoll. Etwa 30 Leute sind aus Paris gekommen, unter ihnen Heredia, Régnier, Valéry, Rodin, Renoir, Méry, Mendès, Dierx. Einige Bauern, Schiffer, Handwerker und Nachbarn mischen sich unter die Künstler. Roujon versucht eine Grabrede und bricht schluchzend ab, Valéry bringt kein Wort heraus. Noch zwei Wochen zuvor hatte Mallarmé in seinem letzten Interview gesagt: »Die von mir gewählte Tätigkeit war das Schreiben: Jetzt, wenn das reife Alter es verwirklicht hat, liegt die Beurteilung allein bei den Menschen, die mir ihr Interesse entgegengebracht haben. Was eine innere autobiographische Wertung angeht, eine von jenen, die man sich besonders dann leistet, wenn man allein ist oder in Gegenwart eines seltenen Gastes, möchte ich hinzufügen, in der Zeitung, wunschgemäß, und um etwas vorzubringen, daß ich mir, hinreichend, treu geblieben bin, und mein schlichtes Leben hat einen Sinn bewahrt. Das Mittel, ich sage es öffentlich, besteht darin, mit meiner naturgegebenen Hellsicht jenen zufallshaltigen Niederschlag wegzufegen, den man sonst eher unter dem Namen Erfahrung aufliest.«

Nachwort

Mensch, so du willst das Sein der Ewigkeit aussprechen,
so mußt du dich zuvor des Redens ganz entbrechen.
Angelus Silesius

Wenn die Menge ihre Mittelmäßigkeit in allen Richtungen ausgetobt haben wird, ohne je auf etwas anderes als auf zentrale Nichtigkeit gestoßen zu sein, wird sie heulend nach dem Dichter rufen.« So schneidend arrogant äußert sich Mallarmé in seinem genialen Villiers-Essay über die Seinsmöglichkeit der Menge. Hätte er doch wenigstens gesagt: nach dem Dichter in sich selbst rufen. Aber vielleicht hat er es ja gemeint, zumindest hat er in seiner Utopie vom Buch und idealen Leser davon geträumt. Denn die Menge ist eine Chimäre und hat den Dichter nicht zu interessieren. Was ihn zu interessieren hat, ist die Selbstfindung und Selbsterschaffung im Wort. Das ist schwer bei der ›Menge‹ der Wörter, die wie Masken an der Wirklichkeit kleben:

»Ich machte aus mir, was ich nicht verstand,
Und was ich aus mir machen konnte, tat ich nicht.
Der Domino, den ich anzog, war ein Versehen.
Man hielt mich sofort für den, der ich nicht war,
Und ich widersprach nicht und verlor mein Gesicht.
Als ich die Maske abstreifen wollte,
Hing sie an meinem Gesicht ...«

Diese Zeilen stammen von dem portugiesischen Dichter Fernando Pessoa, dessen Name soviel wie Person, aber auch *persona*, Maske, bedeutet. Der moderne Mensch, sei er ein Dichter oder nicht, ist immer ein Maskenträger, oder mit dem fast schönen, allerdings auch tautologischen Wort von Marx: eine »Charaktermaske«. Das von einer fleißigen Industrie (noch eine Tautologie) geschaffene und bereitgestellte Angebot, die bunte Palette der Selbstfindungen und Selbstherstellungen, ist ein wohlsortierter und gut ausgestatteter Supermarkt: Man kann sich tatsächlich selbst klonen, ex nihilo nihil erschaffen. Das ist täglich und wunderbar geübte Praxis. Der moderne Mensch ist ein Produkt, das er selbst hergestellt hat. Aber die boomende Seelenfängerindustrie und grassierende Verzweiflung sind Beweis genug, daß man mit der zusammengekauften Individualität den *ennui* gratis dazubekommt. Mallarmés großer Fund war es dagegen, keine Bilder oder Meinungen, sondern Wörter an den Akt der Selbstfindung und Selbstherstellung zu koppeln. Denn der Mensch ist nur Mensch über die Atembrücke der Wörter. Ihnen in einem unaufhörlichen Prozeß der Auswaschung und Läuterung die Dämonen des Nichts und Nichtigen auszutreiben war sein Königsweg, und auf diesem Weg war »die Vernichtung seine Beatrice«, seine Muse. Über diese Poesie der Vernichtung um der Erschaffung willen fand er schließlich zur Poesie des Schweigens, die bei ihm keineswegs, wie etwa bei Celan, ein Verstummen, sondern eine Resonanzerweiterung, gleichsam eine *high fidelity* ist. Das beredte, allerdings nicht redselige Schweigen ist die hohe Kunst Mallarmés ebenso wie des japanischen Zen. Seine Schwäche ist vielleicht, daß er nach den Erfahrungen mit ›Hérodiade‹ und vor allem ›Igitur‹ zu einseitig das Artistische suchte und dem Existenziellen auswich, daß er zu sehr die Form favorisierte und die Substanz vernachlässigte. Aber Kunst und Existenz, Form und Substanz stehen in einem unauflöslichen Wechsel- und Spannungsverhältnis: Wenn das, was man in dem einen Bereich gefunden hat, nicht überspringt auf den andern, in einer Spirale wechselseitiger Aufladung und Speisung, hört die Kunst auf, das Spiel schlechthin zu sein, und verkümmert zur Manier. Nach ›Igitur‹, um eine ungefähre Zäsur zu setzen, stimmte bei Mallarmé das Spannungsverhältnis zwischen Kunst und Leben nicht mehr ganz. Das Existenzielle erstarrte in einer tänzelnden Ausweichbewegung und lieferte dem Artifiziellen nicht mehr genug lebendige Impulse, während das Artistische sich in schwindelerregende Höhen schraubte.

Eine gewisse glanzvolle Erloschenheit, ein im ursprünglichsten Sinn des Wortes höfliches Erstarren, das er durch unaufhörliche Abschweifungen aufzufangen versuchte, kennzeichnet viele seiner späteren Texte, vor allem die – durchaus selbstironischen – ›Abschweifungen‹. Immer wieder hat er mit einer seltsamen, fast verdächtig stolzen Bescheidenheit auf das Fragmentarische seines Werkes hingewiesen. Das absolute Sein – oder das Nicht-Sein – steht der empirischen Weltwirklichkeit nicht gegenüber, sondern in ihr, und der Versuch, es in eine reine Sprache zu bannen, läuft auf eine doppelte Auslöschung hinaus. Auch für Mallarmé gilt das, was sein in allen Bereichen aufsässiger Zeitgenosse und in gewisser Weise antipodischer Doppelgänger Rimbaud an Baudelaire kritisierte: »Er hat noch zu sehr als Künstler gelebt.«

Was er in der *art poétique* seines ›Preisschrieb für des Esseintes‹ fordert und in seinem ›Würfelwurf‹ vorführt, die »Vermählung von Himmel und Hölle« (William Blake), ist ihm selbst nur in Bruchstücken gelungen. In dem sicher nur fragmentarischen, aber doppelten Scheitern sowohl am Ideal als auch an der Wirklichkeit, dem *hasard*, liegt Mallarmés persönliche Tragik.

51 Stéphane Mallarmé. Radierung von Paul Gauguin, 1891

Zeittafel

1842 18. März: Geburt in Paris als Sohn Numa Mallarmés (1805–1863) und Elisabeth Félicie Desmolins (1819–1847).

1844 25. März: Geburt der Schwester Marie, genannt Maria.

1847 2. August: Tod der Mutter; die Kinder wachsen bei den Großeltern Desmolins auf.

1848 27. Oktober: Wiederverheiratung des Vaters mit Anne Hubertine Léonide Mathieu.

1852 Mallarmé kommt in das Internat der »Frères des Ecoles Chrétiennes« in Auteuil.

1853 Der Vater wird zum Leiter des Hypothekenamts in der Stadt Sens ernannt. Umzug dorthin mit seiner Frau, die Kinder bleiben bei den Großeltern in Paris. Baudelaires Übersetzung des ›Raben‹ von E. A. Poe erscheint.

1854 Erste bekannte Schriften sind Schulaufsätze: ›Der goldene Kelch‹, ›Der Schutzengel‹.

1856 Mallarmé wird Internatsschüler am Gymnasium von Sens.

1857 31. August: Tod der Schwester Maria.

1858 Mallarmé wohnt bei seinem Vater und seiner Stiefmutter in Sens.

1859 Das Gedicht ›Gebet einer Mutter‹ erhält einen Ehrenpreis des Gymnasiums. Mallarmé schreibt 64 Gedichte (›Zwischen vier Wänden‹), die er später alle vernichtet.

1860 Mallarmé stellt in drei Heften die poetische Anthologie ›Ähren‹ zusammen, die nie veröffentlicht wird. Er fällt im August durch die Abiturprüfung, die er im November mit Erfolg wiederholt. Ende Dezember Eintritt in ein Steuerbüro in Sens.

1861 Februar: Die zweite erweiterte Ausgabe der ›Fleurs du Mal‹ von Baudelaire erscheint. Mallarmé schreibt Gedichte in der Manier Baudelaires. Beginn der Freundschaft mit Emmanuel Des Essarts und Henri Cazalis.

1862 Erste Publikationen in Zeitschriften: Besprechung von Des Essarts Gedichtband ›Poésies parisiennes‹; die Gedichte ›Placet‹, ›Das Pech‹, ›Der Glöckner‹; der Essay ›Kunstketzereien. Die Kunst für alle‹. Freundschaft mit Eugène Lefébure. Mallarmé verliebt sich in die deutsche Gouvernante Maria Gerhard und fährt im November mit ihr nach London.

1863 12. April: Tod des Vaters; 10. August: Heirat mit Maria Gerhard in London; im Dezember wird Mallarmé Aushilfslehrer für Englisch am Gymnasium von Tournon.

1864 Mallarmé schickt das Gedicht ›Azur‹ mit einem ausführlichen Kommentar an Cazalis; in Paris Bekanntschaft mit Catulle Mendès und Villiers de l'Isle-Adam. Im Oktober Beginn der Tragödie ›Hérodiade‹. 19. November: Geburt der Tochter Geneviève. Anfang der »Nacht von Tournon« genannten Krise. Entstehung des Gedichts ›Die Fenster‹.

1865 Am 1. Februar erscheint in der Zeitschrift ›L'Artiste‹ Mallarmés »literarische Symphonie« über Gautier, Baudelaire und Banville. An Cazalis schickt er das Gedicht ›Gabe des Gedichts‹ und das Prosagedicht ›Das Phänomen der Zukunft‹. Er unterbricht die Arbeit an ›Hérodiade‹ und beginnt den ›Monolog eines Fauns‹. Im September lehnen Banville und Coquelin den ›Faun‹ für die Comédie Française ab; auch ›Hérodiade‹ findet keine Gnade, so daß Mallarmé die Umarbeitung in ein Gedicht beschließt. Am 14. Dezember Tod des Großvaters André Desmolins. Bei Leconte de Lisle Bekanntschaft mit den Dichtern Coppée und Heredia.

1866 Abschluß der ›Ouverture‹ zu ›Hérodiade‹. Im ›Parnasse contemporain‹ erscheinen zehn Gedichte . Mallarmé wird an das Gymnasium von Besançon versetzt.

1867 31. August: Tod Baudelaires. 6. Oktober: Versetzung an das Gymnasium von Avignon.

1868 Erste unveröffentlichte Fassungen der Gedichte ›Aller Stolz ...‹, ›Aus der Rundung aufgetaucht ...‹, ›Das Jungfräuliche, Lebendige ...‹, ›Als Schatten drohte ...‹

1869 Nervenkrise. Mallarmé schickt die *scène* von ›Hérodiade‹ an den ›Parnasse contemporain‹. Beginn der Arbeit an ›Igitur‹.

1870 Mallarmé wird krankheitsbedingt von Januar 1870 bis September 1871 vom Schuldienst beurlaubt. Im August liest er ›Igitur‹ vor Mendès und Villiers, Mendès ist entsetzt, Villiers angeblich begeistert.

1871 16. Juli: Geburt des Sohns Anatole. Mallarmé fährt zur Weltausstellung nach London und versucht sich als Zeitungskorrespondent. Im Oktober wird er Lehrbeauftragter am Lycée Fontanes in Paris. Die *scène* von »Hérodiade« erscheint im ›Parnasse contemporain‹.

1872 Begegnung mit Rimbaud. Veröffentlichung von acht Gedichten Poes in der ›Renaissance littéraire et artistique‹. 23. Oktober: Tod Théophile Gautiers.

1873 Beginn der Freundschaft mit Edouard Manet. 23. Oktober: Mallarmés Aufsehen erregender »Grabspruch« im Gedenkalbum ›Le Tombeau de Théophile Gautier‹ erscheint.

1874 1. März: Das Prosagedicht »Der Dämon der Analogie« erscheint in ›La Revue du Monde Nouveau‹. September–Dezember: Alleinherausgabe der Modezeitschrift ›La Dernière Mode‹.

1875 März: Umzug in die rue de Rome. Juni: Mallarmés Übersetzung des ›Raben‹ von Poe erscheint mit Illustrationen von Manet. Mallarmé schickt ›Nachmittag eines Fauns‹ an den ›Parnasse contemporain‹, wird von der Jury aber abgelehnt. Streit um den Sonderband, der zum Abgesang der Parnasse-Dichtung wird. Die ersten »Gossips«, Essays über Kunst und Literatur, erscheinen im Londoner ›Athenaeum‹.

1876 10. April: ›Nachmittag eines Fauns‹ erscheint bei einem Brüsseler Verlag als Faksimile mit Abbildungen von Manet. Die Mietwohnung in einem kleinen Bauernhaus in Valvins wird zur ständigen Sommerfrische der Familie. Im Londoner ›The Art Monthly Review‹ erscheint der Essay »The Impressionists and Edouard Manet«. Im Herbst malt Manet das Portrait des Freundes.

1877 März: Mallarmé veröffentlicht seine letzten Übersetzungen von Poe in ›La République des Lettres‹.

1878 Januar: Die philologische Studie ›Die englischen Wörter‹ erscheint.

1879 8. Oktober: Tod Anatoles mit acht Jahren nach langer Krankheit. Aus den Trauer- und Trostbesuchen der Freunde entstehen die *mardis*, an denen sich junge Dichter und Künstler in der Wohnung Mallarmés treffen, um über Kunst zu »divagieren«.

1882 Beginn der Beziehung zu Méry Laurent, die Mallarmé über Manet kennenlernt. Brief von Huysmans, der ihm seinen Plan eines Romans ›Gegen den Strich‹ mitteilt. Aus dem Briefkontakt entwickelt sich bald eine Freundschaft.

1883 13. Februar: Tod Richard Wagners; 30. April: Tod Edouard Manets. Verlaine veröffentlicht seine Artikelserie ›Les poètes maudits‹, die zum beginnenden Ruhm Mallarmés beiträgt. Die *mardis* werden mondän und bekommen immer mehr Zulauf.

1884 ›Gegen den Strich‹ von Huysmans erscheint und erregt großes Aufsehen in der literarischen Öffentlichkeit. Juni: Mallarmé gibt ein Interview mit seiner Definition von Poesie. Oktober: Englischlehrer am Gymnasium Janson de Sailly.

1885 Januar: Mallarmé bedankt sich bei Huysmans mit dem Gedicht ›Preisschrieb für des Esseintes‹, das seine ganze ausgereifte Poetik enthält und in der ›Revue indépendante‹ veröffentlicht wird. März: In derselben Zeitschrift erscheinen die Gedichte ›Das Jungfräuliche, Lebhafte …‹ und ›Welche Seide …‹. 22. Mai: Tod Victor Hugos. August: Der Essay »Richard Wagner, Träumerei eines französischen Dichters« erscheint in der ›Revue wagnérienne‹. Oktober: Berufung an das Collège Rollin. 16. November: Mallarmé schickt seinen autobiographischen Brief an Verlaine, der die »orphische Erklärung der Welt« enthält.

1886 Januar: Das Gedicht »Hommage an Wagner« erscheint in der ›Revue wagnérienne‹. 11. April: Erste Nummer der Zeitschrift ›La Vogue‹ mit drei Prosagedichten Mallarmés und dem Anfang der ›Illuminations‹ Rimbauds. 18. September: Jean Moréas veröffentlicht im ›Figaro‹ das Symbolistische Manifest. Einige Tage später erscheint ›Traité du Verbe‹ von René

Ghil mit dem wichtigen Vorwort von Mallarmé, womit er gegen seinen Willen zum Haupt der sich bildenden symbolistischen Schule wird. Im November Beginn der Veröffentlichung der ›Notizen zum Theater‹ (später ›Dem Theater angekreidet‹).

1887 Am 1. Januar erscheint in der ›Revue indépendante‹ das Triptychon-Gedicht »Aller Stolz«, »Aufgetaucht aus der Rundung«, »Ein Vorhang hebt sich‹. März: Dieselbe Zeitschrift druckt die endgültige Fassung des ›Nachmittag eines Fauns‹. Oktober: Mallarmés ›Gedichte‹ erscheinen als Faksimile in einer Luxusausgabe mit 47 Exemplaren im Verlag der ›Revue indépendante‹. Dezember: Publikation des ›Album von Vers und Prosa‹.

1888 Juli: ›Die Gedichte von Edgar Poe‹ erscheinen. Mallarmé fährt mit Méry Laurent ins Kurbad Royat. Beginn der Arbeit an den ›Leisen Liedern‹.

1889 Zusammen mit Huysmans organisiert Mallarmé einen Unterstützungsfonds für den krebskranken und bettelarmen Villiers de l'Isle-Adam. 18. August: Tod von Villiers. September: Erneuter Aufenthalt mit Méry in Royat, wo es zu einem Annäherungsversuch Mallarmés kommt. Man einigt sich auf eine platonische Beziehung.

1890 Februar: Mallarmé unternimmt eine Vortragsreise nach Belgien, wo er seinen Essay über Villiers liest. In Paris wiederholt er mit großem Erfolg den Vortrag vor einem prominenten Publikum. Der Essay erscheint außerdem in zwei Pariser Zeitschriften. Oktober: Paul Valéry schreibt seinen ersten Brief an Mallarmé.

1891 Mallarmé gibt ein bedeutendes Interview zur literarischen Entwicklung. Am 5. Mai erscheint die Sammlung der Prosatexte, ›Seiten‹. ›La Conque‹ druckt das Gedicht »Der Fächer von Frau Mallarmé«. Im Oktober erster Besuch Valérys bei Mallarmé.

1892 März: Beginn der Zusammenarbeit mit dem Londoner ›National Observer‹, wo bis Juli 1893 zwölf Essays erscheinen (später unter ›Abschweifungen‹ zusammengefaßt). 15. November: ›Verse und Prosa‹ erscheint.

1893 4. November: Auf Wunsch Mallarmés vorzeitige Pensionierung. Übersetzung der ›Indischen Erzählungen‹ von Mary Summer.

1894 Vortragsreise nach England, wo Mallarmé in London, Oxford und Cambridge seinen Essay ›Musik und Literatur‹ liest. Mallarmé muß als Zeuge in einem Prozeß aussagen, wo sein Schüler Fénéon und andere der Beihilfe zu anarchistischen Attentaten beschuldigt werden. Alle Angeklagten werden freigesprochen. 22. Dezember: Uraufführung von Debussys ›Prélude à l'après-midi d'un faune‹.

1895 Januar: »Das Grab von Charles Baudelaire« und »Hommage an Puvis de Chavannes« erscheinen in der Zeitschrift ›La Plume‹. 1. Februar: Der erste von zehn Artikeln mit dem Titel »Variationen über ein Thema« erscheint in der ›Revue blanche‹. Der ›Figaro‹ publiziert Mallarmés Antwort auf eine Umfrage zum *vers libre.*

1896 8. Januar: Tod Paul Verlaines. Mallarmé hält eine Grabrede. 27. Januar: Mallarmé wird in der Nachfolge Hugos, Leconte de Lisles und Verlaines zum *prince des poètes* gewählt. Arbeit an dem Band: ›Abschweifungen‹. 15. Mai: Der Essay »Arthur Rimbaud« erscheint in der Zeitschrift ›The Chap Book‹ in Chicago. Arbeit an ›Ein Würfelwurf wird niemals den Zufall aufheben‹.

1897 1. Januar: »Grab von Verlaine« erscheint in der ›Revue blanche‹; 15. Januar: ›Abschweifungen‹ erscheint. Der erste Teil des »Würfelwurf« erscheint in der Zeitschrift ›Cosmopolis‹.

1898 Februar: Sympathiebrief an Zola, der wegen ›J'accuse‹ verurteilt wurde. Mallarmé nimmt die Arbeit an ›Hérodiade‹ erneut auf. Juni: Der Roman ›Die Sonne der Toten‹ seines Schülers Camille Mauclair, dessen Held Mallarmé ist, erscheint. Valéry besucht Mallarmé in Valvins, wo sie sich intensiv über ›Hérodiade‹ und den ›Würfelwurf‹ unterhalten. 8. September: erster Erstickungsanfall. Mallarmé schreibt sein Testament und verfügt die Vernichtung seiner sämtlichen Papiere. Am 9. September stirbt Mallarmé in Beisein eines Arztes und seiner Tochter Geneviève an einem zweiten Erstickungsanfall in Valvins, wo er am 11. September beerdigt wird.

Bibliographie

I. Zu Lebzeiten erschienen:

La Dernière Mode, August–Dezember 1874, Paris

Le Corbeau / The Raven. Richard Lesclide, Paris 1875

L'Après-midi d'un faune. Alphonse Derenne, Paris 1976

Les mots anglais, Petite philologie à l'usage des Classes et du Monde. Truchy / Leroy, Paris 1877

Les Dieux antiques, Nouvelle mythologie illustrée d'après George W. Cox. J. Rothschild, Paris 1880

Les Poésies de Stéphane Mallarmé. Verlag der Zeitschrift ›La Revue indépendante‹, Paris 1887

L'Après-midi d'un faune. Verlag der ›Revue indépendante‹, Paris 1887 *endgültige Fassung; ohne Illustrationen von Manet*

Album de vers et de prose. Librairie universelle, Paris 1887

Les Poèmes d'Edgar Allan Poe. Edmond Deman, Brüssel, 1888

Villiers de l'Isle-Adam. Librairie de l'Art Indépendant, Paris 1890

Pages. Edmond Deman, Brüssel 1891

Vers et prose, morceaux choisis. Didier, Perrin et Companie, Paris 1893

La Musique et les lettres. Didier, Perrin et Companie, Paris 1895

Berthe Morisot. Durand-Ruel, 1896 *Katalog, Vorwort Mallarmés*

Divagations. Bibliothèque Charpentier, Eugène Fasquelle, Paris 1897

Un coup de Dés jamais n'abolira le Hasard. In: Cosmopolis, Paris, Mai 1897

II. Postume Ausgaben:

Les poésies de Stéphane Mallarmé. Edmond Deman, Brüssel 1899. *Die Ausgabe entspricht dem Entwurf von 1894 mit Ausnahme von drei von Geneviève Mallarmé hinzugefügten Texten.*

Poésies. Nouvelle Revue Francaise, 1913. *Der Schwiegersohn Mallarmés, Edmond Bonniot, nahm in diese Sammlung verschiedene Gedichte auf und fügte die Untertitel der Ausgabe von 1887 wieder ein, wodurch er die von Mallarmé gewollte Ordnung zerstörte. Diese Ausgabe war bis 1992 die Grundlage aller im Verlag Gallimard erschienenen Bände.*

Un coup de Dés jamais n'abolira le Hasard. Nouvelle Revue Française, 1914 (Neuauflage 1993)

Igitur ou la Folie d'Elbehnon, Gallimard und Nouvelle Revue Française, 1925. *Herausgegeben und mit einem bedeutenden Vorwort versehen von Edmond Bonniot.*

Contes indiens. L. Carteret, Paris 1927. *Originalausgabe der von Mallarmé übersetzten Contes et Légendes de l'Inde ancienne von Mary Summer, 1878 bei Leroux, Paris, erschienen.*

Un faune und L'Après-midi d'un faune, Rombaldi, 1943. *Mit ›Monologue d'un faune‹*

Improvisation d'un faune. In: Henri Mondor, Histoire d'un Faune. Gallimard, Paris 1948. *Zweite unveröffentlichte Fassung des späteren ›Après-midi d'un faune‹*

Le »Livre« de Mallarmé. Hrsg. v. Jacques Schérer, Gallimard, Paris 1957. *Neuauflage 1977 mit einem neuen Vorwort und einer vom Herausgeber realisierten Adaption fürs Theater. Etwas unsystematische Zusammenstellung von Fragmenten und Skizzen zum Thema »Buch« bei Mallarmé. Deutungen und Schlußfolgerungen sind fragwürdig.*

Les Noces d'Hérodiade, Mystère. Hrsg. v. Gardner Davies, Gallimard, Paris 1959. *Erschöpfende Materialsammlung zur Genese der ›Hérodiade‹ mit sehr guten Interpretationen*

Les Gossips de Mallarmé. Hrsg. und kommentiert von Henri Mondor und L. L. Austin, Gallimard, Paris 1962

Oeuvres complètes. Hrsg. und kommentiert von Henri Mondor und G. Jean-Aubry, Gallimard, 1945. *Letzte Ausgabe 1992; vollständige Zusammenstellung aller Werke Mallarmés außer den Briefen; jedes Werk mit detaillierter Entstehungsgeschichte*

Oeuvres complètes, Band I.: Poésies. Hrsg. v. C. P. Barbier und C.-G. Millan, Flammarion, Paris 1983. *Wertvolle Auskünfte über die Entstehungsgeschichte der Gedichte und des Sammelbandes ›Poésies‹; Band II. ist noch nicht erschienen.*

Oeuvres. Hrsg. und kommentiert von Yves-Alain Favre, Garnier, Paris 1985 (neue durchgesehene Ausgabe 1992)

Poésies. Hrsg. und kommentiert von Pierre Citron, Imprimerie Nationale, Paris 1987

III. Briefe und Dokumente

Correspondance I.–XI. Gesammelt, geordnet und kommentiert von Henri Mondor, Jean-Pierre Richard und Lloyd James Austin, Gallimard, Paris 1959–1985

Correspondance avec Henri Cazalis. Zusammengestellt, geordnet und kommentiert von Carl Paul Barbier und L. A. Joseph, Nizet, Paris 1977

Mallarmé, Correspondance – Lettres sur la poésie. Hrsg. v. Bertrand Marchal, Gallimard, Paris 1995. *Sehr gute Einführung in die Welt und das Denken Mallarmés. Die ausgewählten Briefe dokumentieren chronologisch die Entwicklungsphasen von Mallarmés Poetik.*

Lettres à Méry Laurent. Hrsg. v. Bertrand Marchal, Gallimard, Paris 1996

Documents Stéphane Mallarmé I.–VII. Hrsg. v. Carl Paul Barbier, Nizet, Paris 1968–1980

IV. Deutsche Ausgaben und Übersetzungen (Auswahl):

Der Nachmittag eines Fauns. Avalondruck, Leipzig, Wien 1920

Gedichte. In: Zeitschrift für französische Sprache und Literatur, Jena, Leipzig, Gronau 1937/38, Bd. LXIf.

Gedichte. Dessau 1943; Jena 1948

Gedichte und Nachmittag eines Fauns. Piper, München 1946

Gedichte. Freiburg 1947

Dichtungen. Krefeld 1948

Der französische Parnass. Übersetzt u. hrsg. v. E. Jaime, Hannover 1948

Französische Dichter des 19. und 20. Jahrhunderts, hrsg. und übersetzt v. O. Heuschele, Bühl 1948

Lyrik des Abendlands. Hrsg. v. Georg Britting, München 1948

Stéphane Mallarmé, Sämtliche Dichtungen. Zweisprachige Ausgabe, dtv, München 1992. *Diese einzige und umfangreiche zweisprachige deutsche Ausgabe enthält bei weitem nicht sämtliche Dichtungen. Die Übersetzungen sind stellenweise fragwürdig.*

Symbole und Signale. Hrsg. v. W. Kraus, Bremen 1961

Französische Gedichte. Von Baudelaire bis Saint-John Perse, Fischer, Frankfurt am Main 1962

Vorwort zu ›Vathek‹. In: William Beckford, ›Vathek‹, Insel Verlag, Frankfurt am Main 1989

Die Kunst für alle. In: ›Dichter über Dichtung‹, Bertelsmann Lesering, Darmstadt 1955

Hérodiade. Deutsch-Französische Rundschau 2, 1929 und 1937; Neue deutsche Rundschau 14, 1903

Herodias. In: Blätter für die Kunst, 1905 (Übersetzung: S. George)

V. Wichtige Sekundärliteratur:

Abastado, Claude: Expérience et théorie de la création poétique chez Mallarmé, Minard, Paris 1970

Aish, Deborah: La Métaphore dans l'oeuvre de Stéphane Mallarmé, Slatkine, Paris-Genf 1981

Bachelard, Gaston: La dialectique dynamique de la rêverie mallarméenne, Paris 1970

Backès, Jean-Louis: Poésies de Mallarmé, Hachette, Paris 1973

Bersani, Leo: The Death of Stéphane Mallarmé, Cambridge University Press, 1982

Blanchot, Maurice: »Le silence de Mallarmé«, in: Faux pas, Gallimard, Paris 1943

»Le mythe de Mallarmé«, in: La Part du feu, Gallimard, Paris 1949

»L'expérience de Mallarmé« und »L'expérience d'Igitur«. In:

L'Espace littéraire, Gallimard, Paris 1955

L'Entretien infini, Gallimard, Paris 1969. *Alle Essays von Blanchot sind fundierte und stilistisch brillante Annäherungen an die poetische Welt Mallarmés.*

Bonnefoy, Yves: »La Poétique de Mallarmé«, Vorwort zu: Igitur, Divagations, Un coup de Dés, Gallimard, Paris 1976

Bowie, Malcolm: Mallarmé and the Art of Being Difficult, Cambridge University Press, 1978

Chassé, Charles: Les Clefs de Mallarmé, Aubier-Montaigne, Paris 1954

Chisholm, Alan Rowland: Mallarmé's Grand Oeuvre, University Press, Manchester 1962

Mallarmé's ›L'Après-midi d'un faune‹, University Press, Melbourne 1958

Claudel, Paul: »La Philosophie du Livre« und »La Catastrophe d'Igitur«. In: Oeuvres en prose, Gallimard, Paris 1965. *Der Essay »La Catastrophe d'Igitur« erfaßt und analysiert hellsichtig die wesentlichen Probleme des Werks, doch die katholische Katharsis ist sicher nicht im Sinne Mallarmés.*

Cohn, Robert Greer: Mallarmé's ›Divagations‹: A Guide & Commentary, Peter Lang, New York 1990

Davies, Gardner: Mallarmé et le drame solaire, Corti, Paris 1959

Mallarmé et le rêve d'Hérodiade, Corti, Paris 1978

Vers une explication rationelle du ›Coup de Dés‹, Corti, Paris 1992. *Gardner Davies ist einer der bedeutendsten Mallarmé-Forscher.*

Derrida, Jacques: »La double séance«, Edition du Seuil, Paris 1972

Dussort, Henri: »L'artiste dépassé par l'art (Note sur Mallarmé et Heidegger)«. In: Revue philosophique, Januar–März 1957

Friedrich, Hugo: Die Struktur der modernen Lyrik, Hamburg 1956. *Gute Einführung in Mallarmés Poesie*

Ghil, René: Les dates et les oeuvres. Symbolisme et poésie scientifique, Paris 1923

Haas, Dieter: Flucht aus der Wirklichkeit. Thematik und sprachliche Gestaltung im Werk Mallarmés, 1970

Huot, Sylviane: Le Mythe d'Hérodiade chez Mallarmé, Nizet, Paris 1977

Lecercle, Jean-Pierre: Mallarmé et la mode, Librairie Séguier, Paris 1989

Lloyd, Rosemary: Mallarmé: Poésies, London 1984

Lyotard, Jean-François: Discours, figure, Klincksieck, Paris 1971

Marchal, Bertrand: La Religion de Mallarmé. Poésie, mythologie et religion, Corti, Paris 1988

Lecture de Mallarmé (Poésies, Igitur, Le Coup de Dés). Corti, Paris 1985

Marvick, Louis Wirth: Mallarmé and the Sublime, Albany, State University of New York, 1986

Mauclair Camille: Le Soleil des morts, Paris 1897, Neuauflage durch Slatkine reprints, coll. Ressources, Paris-Genf 1979. *Roman mit authentischen Zügen, dessen Held Mallarmé ist.*

Mauron, Charles: Mallarmé par lui-même, Edition du Seuil, Paris 1964

Introduction à la psychanalyse de Mallarmé. Neuchâtel 1968

Meitinger, Serge: Stéphane Mallarmé. Hachette, Paris 1995. *Gut gegliederte und leicht verständliche Einführung in Mallarmés Werk mit zahlreichen Bildern und Dokumenten*

Michel, François-Bernard: L'énigme de la mort de Mallarmé. Gallimard, Paris 1984

Mondor, Henri: Vie de Mallarmé. Gallimard, Paris 1941. *In Frankreich noch immer das unangefochtene, wenn auch etwas belächelte bio-*

graphische Standardwerk über Mallarmé in 2 Bänden. Die Werkinterpretationen sind allerdings dürftig und stellenweise fragwürdig.

L'Amitié de Verlaine et de Mallarmé, Gallimard, Paris 1939

Mallarmé plus intime, Gallimard, Paris 1944

L'Heureuse rencontre de Valéry et de Mallarmé, Edition de Clairefontaine, Paris-Lausanne 1948

Mallarmé lycéen, Gallimard, Paris 1954

Histoire d'un faune, Gallimard, Paris 1948

Naumann, Walter: Der Sprachgebrauch Mallarmés. Marburg 1936. *Gute Detailstudie*

Nobiling, Franz: »Die erste Fassung der Hérodiade Mallarmés«. In: Deutsch-Französische Rundschau, Jg. 2, 1929, H. 2

Noulet, Emilie: L'Oeuvre poétique de Stéphane Mallarmé. Droz, Paris 1940

Vingt poèmes de Stéphane Mallarmé, exegèses. Droz / Minard, Paris-Genf 1967. *Ein wichtiges Standardwerk der Mallarmé-Forschung. Die Deutungsversuche sind allerdings nicht immer gelungen.*

Rauhut, F.: Das französische Prosagedicht, Hamburg 1926

Richard, Jean-Pierre: L'Univers imaginaire de Mallarmé. Edition du Seuil, Paris 1961

Robillard, Monic: Le Désir de la vierge: Hérodiade chez Mallarmé. Droz, Genf 1993

Sartre, Jean-Paul: Mallarmés Engagement. Rowohlt, Reinbek 1983. *Die Skizzen sind trotz manchmal fragwürdiger Deutungen eine erhellende, provozierende und interessante Lektüre.*

Schérer, Jacques: L'Expression littéraire dans l'oeuvre de Mallarmé. Nizet, Paris 1947

Grammaire de Mallarmé, Nizet, Paris 1977

Le ›Livre‹ de Mallarmé. Gallimard, Paris 1957 und 1977

Stanguennec, André: Mallarmé et l'éthique de la poésie. Vrin, Paris 1992

Steland, Dieter: Dialektische Gedanken in Stéphane Mallarmés ›Divagations‹. Wilhelm Fink Verlag, München 1965. *Fundierte und interessante Studie, aber schwierige Lektüre, die als Einführung nicht geeignet ist.*

Szondi, Peter: Das lyrische Drama des Fin de siècle. Suhrkamp, Frankfurt am Main 1975. *Die im deutschen Sprachraum umfangreichste und gründlichste Untersuchung zu Mallarmés ›Hérodiade‹; sehr gute Einführung.*

Thibaudet, Albert: La Poésie de Stéphane Mallarmé. Gallimard, Paris 1959. *Übersichtlich gegliederte, gut geschriebene Studie zu den Hauptthemen und -begriffen von Mallarmés Poesie.*

Valéry, Paul: Über Mallarmé, Suhrkamp, Frankfurt am Main 1992. *Sehr empfehlenswerte Lektüre, auch für eine Annäherung an Mallarmés komplizierte Gedankenwelt.*

Wais, Kurt: Mallarmé. C. H. Beck'sche Verlagsbuchhandlung, München 1952. *Im deutschen Sprachraum noch immer die einzige umfangreiche Studie zu Leben und Werk Mallarmés; etwas veraltete Sprache und Begrifflichkeit, aber hellsichtige Deutungen einzelner Aspekte des Werks.*

Walzer, Pierre-Olivier: Essai sur Mallarmé. Seghers, Paris 1973

Zeller, H.R.: Mallarmé und das serielle Denken. Die Reihe Nr. 6, 1960

Register

Adorno, Theodor W. 9
Angelus Silesius (Joh. Scheffler) 145
Artaud, Antonin 91
Aubanel, Théodore 46, 48, 53, 66, 67

Balzac, Honoré de 13
Banville, Théodore de 28, 31, 47–49, 53–54, 61, 63, 78, 83, 85, 90, 96–97, 112, 121
Barrès, Maurice 105, 108–109, 122, 133
Baudelaire, Charles 9, 14–15, 24, 26–29, 31, 33, 37, 40, 47–48, 60–61, 63–65, 96, 101, 109, 112, 116, 118, 121–122, 127, 130–131, 140–141, 147
Beckett, Samuel 91
Beckford, William 89
Beethoven, Ludwig van 144
Benjamin, Walter 8
Benn, Gottfried 8–9
Bertrand, Aloysius 65
Beuys, Joseph 39
Bonniot, Edmond 141
Brecht, Bertold 91
Brunet, Jean 46, 48, 66

Camus, Albert 26
Cazalis, Henri 30–37, 42–46, 48, 51–52, 54, 59–63, 66, 70, 72, 74, 76, 78, 86, 90, 92
Celan, Paul 9, 111, 146
Chatterton, Thomas 102
Chénier, André 25, 102
Claudel, Camille 94
Claudel, Paul 94, 132
Coppé, François 50, 62, 66, 76, 85, 133
Corbière, Tristan 101–102
Corneille, Pierre 22
Courbet, Gustave 116
Cros, Charles 82, 84, 90

Daudet, Alphonse 85
Dauphin, Léopold 85, 93, 97
Debussy, Claude 68, 130–131, 136
Degas, Edgar 116, 121, 127
Des Essarts, Emmanuel 27–28, 30–31, 36, 45, 86, 90, 93
Desmolins (Großeltern) 17–18, 20, 22, 24, 49, 66
Dierx, Léon 81, 82, 118, 144
D'Orfer, Léo 108, 111
Douglas, Alfred 96
Dreyfus, Alfred 87, 89
Dupont, Pierre 97

Evans, Thomas W. 98–100, 118

Fantin-Latour, Henri 116
Fénéon, Felix 130–131
Fischer, Carl 7
Flaubert, Gustave 10, 54–55, 65, 90, 101, 124
Fort, Paul 136
France, Anatole 34, 83, 87–88, 113
Freud, Sigmund 97
Friedrich, Caspar David 109
Friedrich, Hugo 10

Gauguin, Paul 122
Gautier, Judith 94
Gautier, Julie 70
Gautier, Théophile 14, 25, 27–28, 30, 33, 37, 48, 60, 70, 80–83, 96, 105
George, Stefan 8, 94, 111, 129
Ghil, René 94, 109, 110, 112–113, 117
Gide, André 94–95, 129, 136
Goethe, Johann Wolfgang von 25, 39, 125, 129
Gomringer, Eugen 9, 10
Goncourt, Edmont Huot de 17, 65
Goncourt, Jules Huot de 17, 65

Hannon, Théodore 101
Hauck, Johannes 39, 56
Hegel, Georg Wilhelm Friedrich 62, 71
Heidegger, Martin 19, 125
Heine, Heinrich 25, 81
Heraklit 111, 135
Heredia, José Maria de 50, 144
Hermes Trismegistos 111
Hoffmann, E. T. A. 103, 134
Hofmannsthal, Hugo von 8, 120
Hölderlin, Friedrich 15, 108, 113
Holmès, Augusta 94
Homer 46, 123–124
Hugo, Victor 13, 21–23, 25, 27–28, 30, 62, 83, 97, 109, 133, 142
Huysmans, Joris-Karl (Georges Charles H.) 100–102, 104, 118–120

Jahnn, Hans Henny 56
Jean Paul (Johann Paul Friedrich Richter) 62
Joyce, James Augustine Aloysius 125
Jünger, Ernst 56

Kafka, Franz 85, 111
Kahn, Gustave 93, 111, 132
Karl X. 12
Kassner, Rudolf 95
Kesting, Marianne 10
Kleist, Heinrich von 43
Kubin, Alfred 109

Lacan, Jacques 132
Laforgue, Jules 122, 132
Lamartine, Alphonse de 12–13, 25
Laprade, Victor Richard de 27
Laurent, Méry (Marie-Rose Louviot) 98–100, 102, 104, 114–115, 117–119, 105, 111, 144
Lautréamont, le comte de (Isidore Ducasse) 65, 75–76
Leconte de Lisle, Charles Marie 50, 61, 76, 83, 88, 89, 90, 97, 131, 133
Lefébure, Eugène 29–30, 37, 46, 49, 54, 61–62, 66, 79, 90, 97
Leiris, Michel 124
Lemaître, Jules 16
Leonardo da Vinci 53–54
Louis Philippe 12
Louys, Pierre 128, 141
Ludwig XVI. 16
Ludwig XVIII. 12

Mac-Mahon, Edme Patrice Maurice Graf von 70
Maeterlinck, Maurice 94
Mallarmé, Anatole 78, 83, 92, 98, 141, 144
Mallarmé, Anne-Huberine-Léonide, geb. Mathieu 17, 19, 20–22, 32, 36, 63
Mallarmé, Christina Maria, geb. Gerhard 32–38, 41, 43, 49, 59, 69, 77–78, 83, 92, 94, 100, 110, 120–121, 126, 130, 134–135, 141–143
Mallarmé, Elisabeth 16, 21, 58, 69, 92
Mallarmé, François-Auguste 18
Mallarmé, Geneviève 47–49, 51–52, 69, 77–78, 82–83, 92, 94, 96–97, 102, 110, 120–121, 126, 134, 136, 141–143
Mallarmé, Maria 19–21, 69, 92
Mallarmé, Numa-Florent-Joseph 16, 20–22, 36
Manet, Edouard 57, 69, 83–84, 87–89, 94–96, 98–100, 102–104, 116, 120
Manet, Eugène 120
Marras, Jean 93
Marx, Karl 14, 39, 146
Mauclair, Camille (C. Faust) 127, 142
Mendès, Catulle 47, 61, 70, 78, 85, 88, 90, 101, 109–110, 126, 133, 144
Merrill, Stuart 94
Meyerhold, Wsewolod E. 91
Mirabeau, Octave 117, 126
Mistral, Frédéric 46, 48, 50, 66, 71
Molière (Jean-Baptiste Poquelin) 22
Mondor, Henri 10, 47, 62–63, 83, 86, 94, 96–99, 105, 109, 121, 129, 135
Monet, Claude Oscar 116, 120–121, 127
Montesquiou-Feszenac, Robert Comte de 91–92, 94, 101
Moore, George 95–97, 117
Moréas, Jean 108, 111, 113, 121, 133
Moreau, Gustave 107
Morice, Charles 134
Morisot, Berthe 120–121, 126–127, 132
Munch, Edvard 136
Musset, Alfred de 13, 25, 97

dtv portrait

Herausgegeben von
Martin Sulzer-Reichel

Hildegard von Bingen
Von Michaela Diers
dtv 31008
April 1998

Otto von Bismarck
Von Theo Schwarzmüller
dtv 31000
April 1998

Georg Büchner
Von Jürgen Seidel
dtv 31001
April 1998

Annette von Droste-Hülshoff
Von Winfried Freund
dtv 31002
April 1998

Elisabeth von Österreich
Von Martha Schad
dtv 31006
Juni 1998

Theodor Fontane
Von Cord Beintmann
dtv 31003
April 1998

Heinrich von Kleist
Von Peter Staengle
dtv 31009
September 1998

Gotthold Ephraim Lessing
Von Gisbert Ter-Nedden
dtv 31004
August 1998

Stéphane Mallarmé
Von Hans Therre
dtv 31007
Juli 1998

Rainer Maria Rilke
Von Stefan Schank
dtv 31005
Mai 1998

dtv

Napoleon I. Bonaparte 12
Napoleon III. 12, 29, 70
Nerval, Gérard de (G. Labrunie) 103
Nietzsche, Friedrich 12, 73, 85, 86
Novalis (Georg Philipp Friedrich Leopold von Hardenberg) 59, 62, 67, 75, 93, 103, 113, 129, 137

Payne, John 94
Peisistratos 124
Pessoa, Fernando 145
Petrarca, Francesco 67
Plato 72, 109
Poe, Edgar Allan 9, 24–28, 33–34, 42, 45, 53, 57, 64, 79, 87, 90, 101–102, 109, 118, 134, 141
Proudhon, Pierre-Joseph 13
Proust, Marcel 42, 92, 125
Prudhomme, Sully 85

Racine, Jean 22
Redon, Odilon 109, 120, 127, 141
Regnault, Henri 30, 75, 82
Régnier, Henri de 94, 117, 121, 126, 144
Renaud, Armand 45
Renoir, Auguste 120–121, 126–128, 144
Ribéra, Jusepe de 53
Rilke, Rainer Maria 7, 26, 100
Rimbaud, Arthur 51, 63, 65–67, 73, 79, 80–81, 83, 102, 111, 132–134, 138, 140–141, 147
Rodin, Auguste 116, 144
Ronsard, Pierre 49
Rothenstein, William 16
Roumanille, Joseph 46, 48, 66
Rousseau, Jean-Jacques 14

Salome 54, 55, 57
Sartre, Jean-Paul 10, 19, 26, 31–32, 56
Schmiele, Walter 95
Schwob, Marcel 136
Shakespeare, William 25, 27, 91, 111
Sokrates 95
Stendhal, Henri 13
Swinburne, Algernon Charles 83, 87, 117
Symons, Arthur 129
Szondi, Peter 10, 51, 56

Tailhade, Laurent 96, 130
Tennyson, Alfred Lord 86

Ungaretti, Giuseppe 7, 11, 125

Valéry, Paul 8, 40, 56, 94, 111, 121, 127, 131, 135–138, 140–142, 144
Verhaeren, Emile 94, 115, 136
Verlaine, Paul 16, 34, 55, 79–80, 82, 88, 90, 92, 94, 96, 101–103, 109, 112, 122, 124, 129–130, 133–135, 141, 143
Viélé-Griffin, F. 94, 117, 126–127, 136
Vigny, Alfred Comte de 13, 18, 25, 102, 111
Villard, Nina de 82–83
Villiers de L'Isle-Adam, Philippe Auguste Comte de 46–47, 54, 62, 65, 70–71, 82, 84–85, 90, 92, 94, 96, 101, 118–120, 141, 145
Vordtriede, Werner 10

Wagner, Richard 47, 62, 70, 82, 91, 112, 126, 131, 134, 139, 141, 144
Wais, Kurt 7, 10–11, 21, 56, 60, 92, 116, 122, 125
Whistler, James Abbott Mac Neill 94, 96, 116, 129
Wilde, Oscar 54, 57, 94, 96
Wyzewa, Théodore de 111

Zola, Emile 65, 85, 88–90, 93, 101, 113, 139

Bildnachweise

Archiv für Kunst und Geschichte, Berlin 6, 7, 8, 10, 11, 13, 14, 16, 17, 18, 20, 21, 22, 23, 29, 30, 31, 33, 35, 37, 38, 40, 42, 45, 46
Bibliothèque Nationale, Paris 19, 27, 49
Lauros-Giraudon, Paris 41
Réunion des Musées Nationaux, Musée d'Orsay 24, 43
Réunion des Musées Nationaux, Musée national du Château de Versailles et de Trianon 44
The Metropolitan Museum of Art 34